AF321694

ROZPĘTANIE

/

DELIVERANCE

Anna Błasiak & Lisa Kalloo

Rozpętanie / *Deliverance*

Redakcja. *Edited by*
Maria Jastrzębska
i. *and*
Wioletta Greg (Grzegorzewska) & Rafał Gawin
Projekt okładki. *Cover design by* Lisa Kalloo
Opracowanie graficzne. *Design and Typesetting by*
Ankuxab

Wydawca. *Published by*
Holland House Books

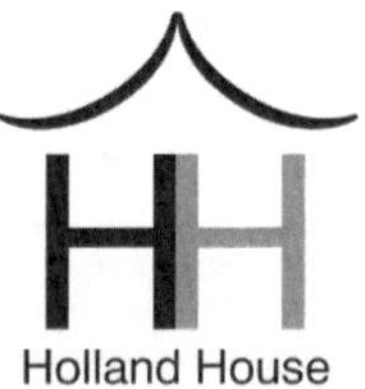

ISBN: 978-1-739104-71-9
Zrealizowano przy wsparciu finansowym. *Supported by*

Arts Council England

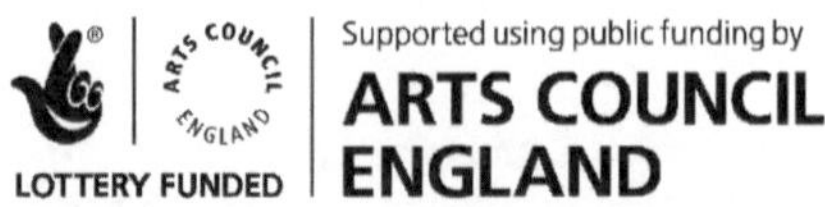

ROZPĘTANIE / DELIVERANCE

WIERSZE. *POETRY* ANNA BŁASIAK

ZDJĘCIA. *PHOTOGRAPHY* LISA KALLOO

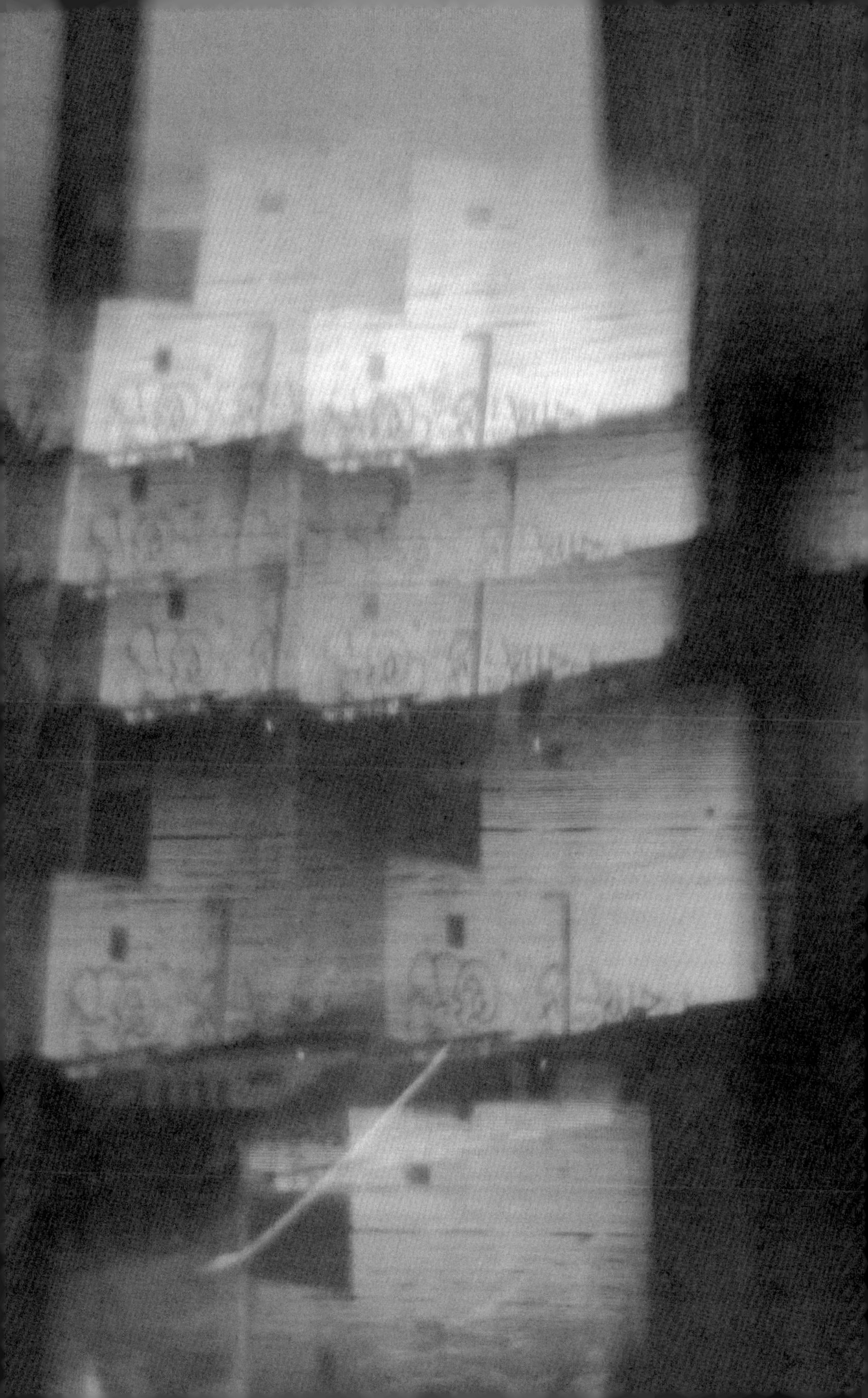

CONDITIONING. FORMOWANIE

Preschool. Przedszkole

I wore navy blue or red, like everyone else. Nosiłam granat lub czerwień, jak wszyscy. *I played with building blocks and Meccano.* Budowałam z klocków lub meccano. *My boy cousin made clothes for my doll, my sister wrapped hers in rags.* Kuzyn robił ubranka dla mojej lalki, a siostra zawijała swoją w szmatki. *We dug trenches, jumped from the first floor onto a pile of sand and cut earth-worms into pieces to make more of them.* Kopałyśmy rowy, skakałyśmy na piach z pierwszego piętra i kroiłyśmy dżdżownice na kawałki, żeby było ich więcej. *My fringe was as short and skewed as my boy cousin's.* Miałam krótką i krzywą grzywkę, tak samo jak kuzyn.

School. Szkoła

He is a boy, it's ok for him. To chłopiec, jemu wolno. *Wear dresses. Wear skirts. Wear bows in your hair.* Noś sukienki. Noś spódniczki. Noś kokardy we włosach. *Grow your hair.* Zapuść włosy. *You belong at a cooking class.* Twoje miejsce jest na zajęciach kulinarnych. *Woodwork is not for you.* Stolarka nie jest dla ciebie. *You want to make a lamp?* Chcesz zrobić lampę? *Leave it, you might hurt yourself.* Daj spokój, jeszcze sobie zrobisz krzywdę. *Better sew an apron or knit a scarf.* Już lepiej uszyj fartuszek albo wydziergaj szalik na drutach. *Why are your knees covered in bruises? It's not the done thing for a girl.* Czemu masz zawsze posiniaczone kolana? To nie przystoi dziewczynce. *Don't speak so much, don't be so loud, don't argue, don't be like a boy.* Nie mów tyle, nie bądź taka głośna, nie kłóć się, nie zachowuj jak chłopiec. *Be nice, be polite.* Bądź miła, bądź grzeczna. *Behave.* Zachowuj się. *Don't be late.* Nie spóźniaj. *You are not a boy.* Nie jesteś chłopcem.

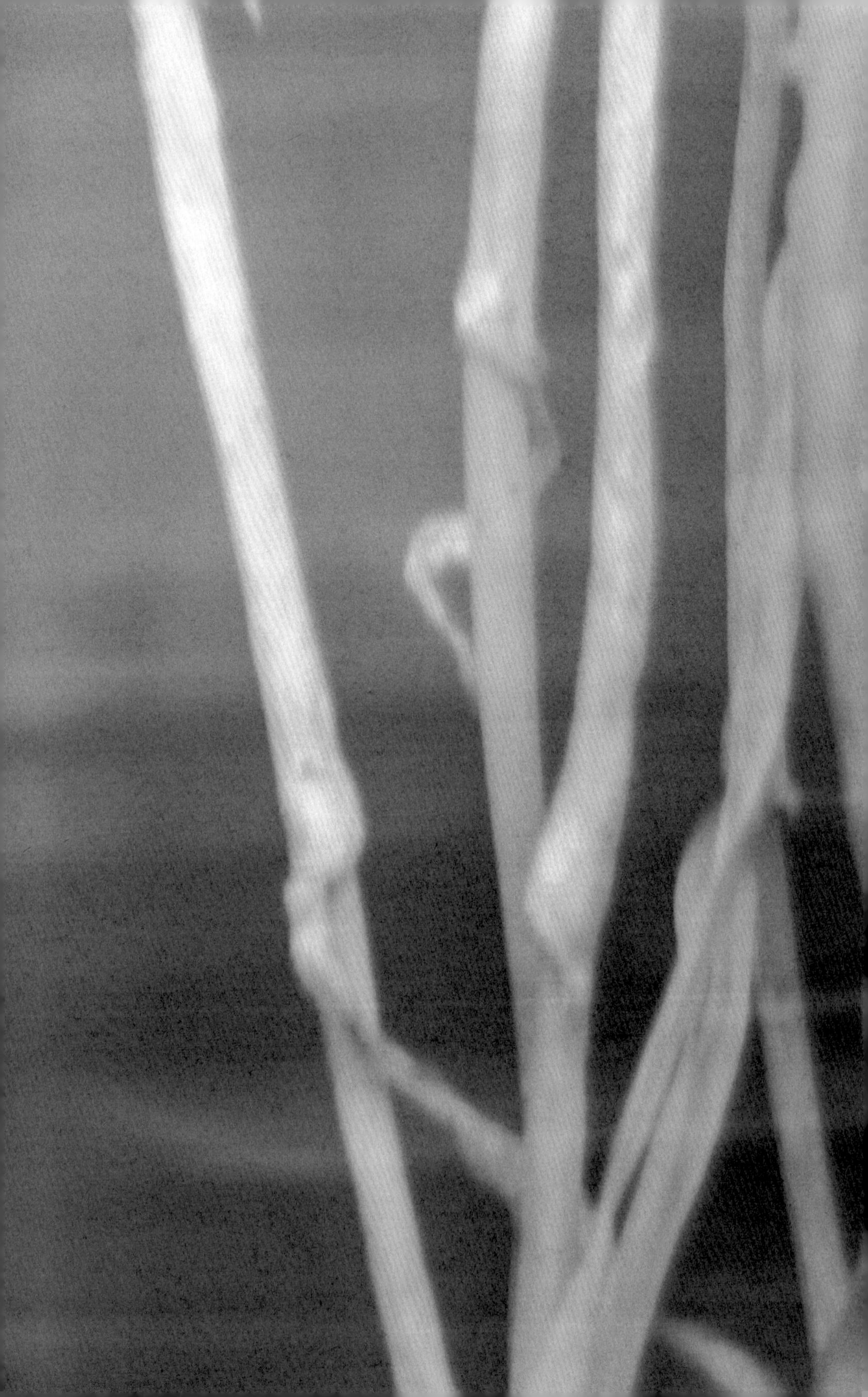

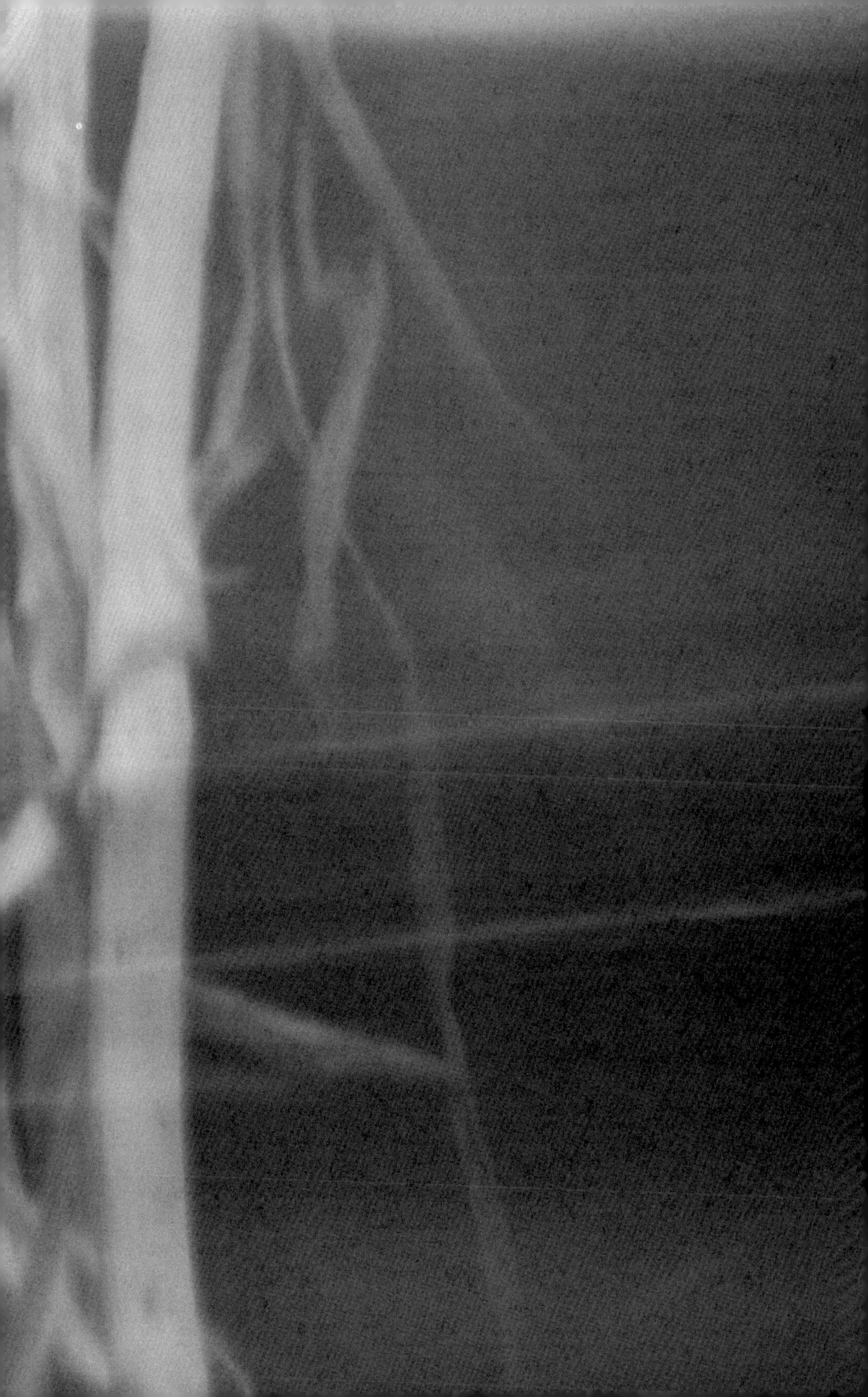

A COMMON FAIRYTALE. ZWYCZAJNA BAŚŃ

Once upon a time. Dawno, dawno temu. *In a land far, far away.* Za siedmioma górami, za siedmioma lasami. *A little girl went outside to play.* Dziewczynka wyszła przed dom, żeby się pobawić. *The sun was shining, it was warm.* Słońce świeciło mocno, było ciepło. *Children were playing on a pile of yellow building sand.* Dzieci bawiły się na wielkiej kupie żółtego piachu. *Or was it bricks?* A może to była sterta cegieł? *A man was watching them.* Przyglądał się im pan. *Big, burly, stubbly.* Wysoki, masywny i zarośnięty. *Or perhaps he was tall, slim, clean-shaven?* A może był wysoki, szczupły i gładko ogolony? *The girl knew the man, she'd seen him before.* Dziewczynka znała go z widzenia. *It was not his first time near the children outside the flats.* Nie pierwszy raz kręcił się koło dzieci na podwórku pod blokiem. *He always sent her a smile.* Zawsze się do niej uśmiechał. *She liked smiley people.* Lubiła uśmiechniętych ludzi. *This time he also had boiled sweets.* Tym razem miał też landrynki. *His smile was wider, warmer than before.* Uśmiechał się szerzej, cieplej. *His smile was brighter, sweeter.* Uśmiechał się jaśniej, milej. *The girl followed him without a second thought.* Dziewczynka poszła z nim bez oporów. *She liked smiley people.* Lubiła uśmiechniętych ludzi. *And boiled sweets.* I landrynki. *The sun was shining, people were milling around, the girl and the man walked merrily to the next building.* Słońce nadal świeciło, w pobliżu kręcili się ludzie, a dziewczynka i pan szli sobie wesoło do sąsiedniego budynku. *An adventure, she thought.* Przygoda, pomyślała. *They entered.* Weszli do środka. *They went down the stairs, to the cellar.* Zeszli schodami do piwnicy. *It got dark, it got cold, it got damp.* Zrobiło się ciemno, zrobiło się zimno, zrobiło się wilgotno. *The cellar was dim, some yellow daylight coming through a small window by the ceiling.* Piwnica była mroczna, odrobina żółtawego światła wpadała przez okienko pod sufitem. *The girl could still taste the boiled sweets.* Dziewczynka nadal miała smak landrynek na języku. *The sun was still shining outside.* Słońce nadal świeciło na zewnątrz. *The man was still smiling.* Pan nadal się uśmiechał. *He unzipped his flies.* Rozpiął rozporek. *The girl stood there, frozen.* Dziewczynka stała jak zamurowana. *The boiled sweet suddenly turned bitter.* Landrynka nagle zrobiła się gorzka.

The memory came back to the girl years later. Or was it a fantasy? Wspomnienie wróciło do dziewczynki wiele lat później. A może to wszystko sobie tylko wymyśliła? *The memory ended with her escaping through the little window by the ceiling.* Wspomnienie kończyło się jej ucieczką z piwnicy przez okienko pod sufitem. *The thing is, the girl was never very nimble.* Rzecz w tym, że dziewczynka nigdy nie była specjalnie zwinna. *She was, however, always highly skilled at inventing good endings for her nightmares.* Za to zawsze świetnie sobie radziła z wymyślaniem dobrych zakończeń koszmarnych snów. *In the early hours of morning.* Nad ranem.

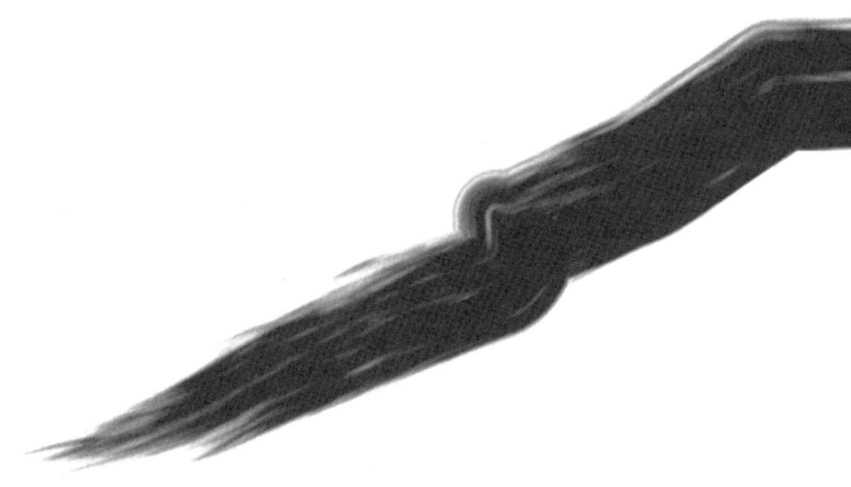

NOSFERATU GENDERATU

Co noc *the girl knots herself* ciasno.
Czas na *Nosferatu's regular*-ną
visit-ę. Wampir krąży,
whooshes round her łóżko. *Bed*
condenses w czarnego karła strachu.
She – black dwarf of fear to ona.
On – łysa *bald head, that's him,*
podkrążone *rings of eyes,*
Sine *sinewy hands* i palce,
zwisa *saggy redingote.*
Murnau? Herzog?
Tele-*vision.*

She leży jak *paralysed,* zgrzana
under a burning duvet-kołdra.
Planuje *methods of* akcja.
Garlic round the czos-*neck?*
Aspen kołek?
Pancerz *of* p(yj/idż)ama *armour?*

Nosferatu visits również
w snach. *In dreams sometimes*
he jest kobietą.
Wtedy ona *the girl then*
offers her neck to the she-Nosferatu,
nadstawia szyję.

Inspired by / Wiersz zainspirowany cyklem *Snow Q* by / autorstwa Mari(a/i)
Jastrzębsk(a/iej).

***

First red stain on my tights, just pulled off.
Grandma Celka's knowing chuckle. **The snap of the bolt on the bathroom door.**

Czerwona plama na właśnie zdjętych rajstopach.
Babcia Celka uśmiecha się znacząco. Trzask zasuwki na drzwiach łazienki.

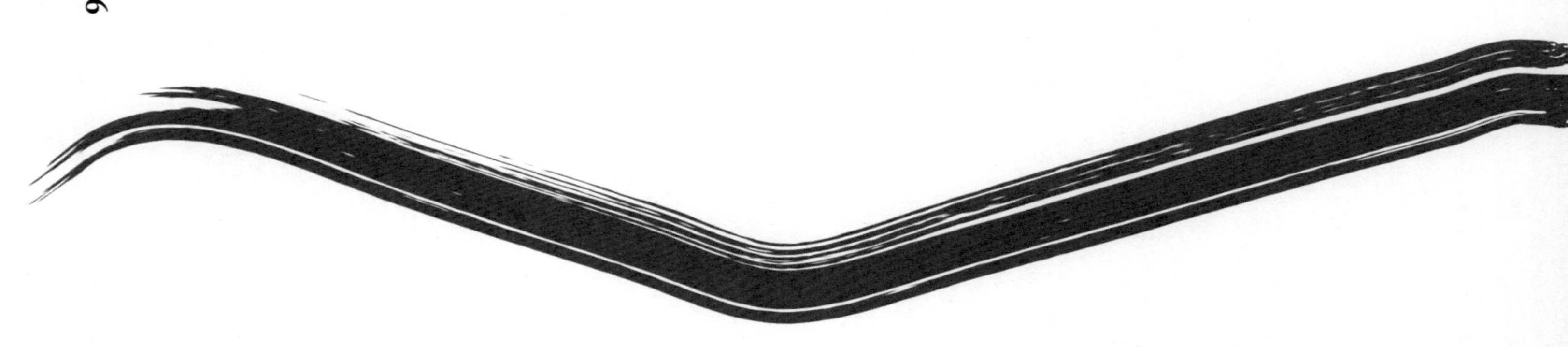

MOJE BOYE

I didn't dress up as a boy.

Nie przebierałam się za chłopca.

I dressed up as a pirate,
as a Jazz Age dandy
in my Grandfather's hat and waistcoat,
with a long scarf turned into a tie.

Przebierałam się za pirata,
za międzywojennego dandysa
w kapeluszu i kamizelce po dziadku,
z długim szalikiem zawiązanym jak krawat.

Sometimes I wore a peasant's shirt,
a baker's white coat or
a prisoner's stripes
(I even made a papier mâché ball and chain).

Czasem nosiłam chłopską koszulę,
biały fartuch piekarczyka
albo więzienny pasiak
(miałam nawet kulę u nogi z papierowej masy)

I've never dressed up as a princess,
a housewife,
or a whore.

Nigdy nie przebierałam się za księżniczkę,
panią domu
czy dziwkę.

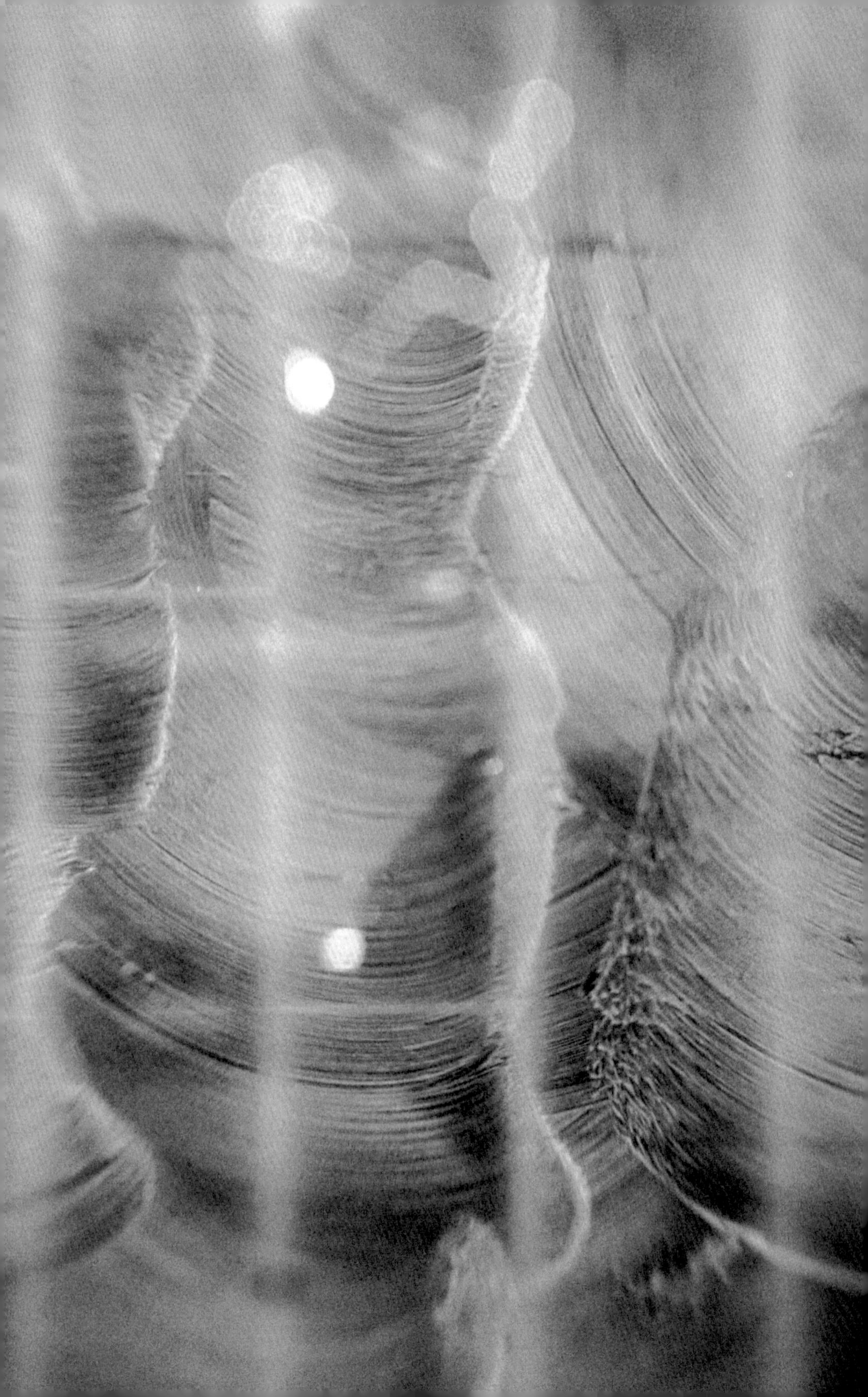

APPENDIX. WYROSTEK

Age 15, my appendix is no more. Piętnastoletnia, już bez wyrostka. *It hurt, though not too badly.* Bolało do wytrzymania. *But they stitched something together inside.* Ale coś mi zszyli w środku. *I will wear this snagging seam now.* Już zawsze będę nosić ten ciasny ścieg.

I enjoy cereal coffee, milky and sweet. Smakuje mi słodka inka z mlekiem. *From a chipped enamel mug.* Z obtłuczonego kubka z emalii.

The doctor's morning round is round. Zbliża się poranny obchód. *The nurse told me yesterday that I would need to pull my nightgown up.* Poprzedniego dnia pielęgniarka powiedziała, że będę musiała podciągnąć koszulę nocną. *I am not allowed to wear any underwear post-op.* Obowiązuje zakaz noszenia majtek po operacji. *I have been dreading this.* Boję się tego. *I don't want to.* Nie chcę. *I spent the night before telling myself that I must.* Całą noc sobie powtarzałam, że tak trzeba.

The morning comes, the doctor comes. Rano przychodzi lekarz. *I take a deep breath and pull my nightgown up.* Biorę głęboki wdech i podciągam koszulę. *I am all crouched inside.* W środku cała się kulę. *That's the way it must be.* Tak trzeba.

The doctor sniggers, the students around him chortle. Lekarz się śmieje, wtórują mu studenci. *The nurse calls me easy.* Pielęgniarka mówi, że jestem łatwa.

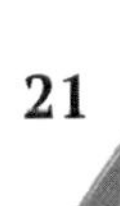

EMBROIDERY. HAFT

Myślę o haftach babci Kazi. O jej obrusach
i serwetkach. Każda naznaczona dotknięcim jej
palców, gęsto pokłuta jej igłą. Każdy ścieg
nafaszerowany po brzegi. Nigdy za nimi nie
przepadałam.

> *I think of Grandma Kazia's embroidery. Her table-
> cloths and napkins. Each single piece bearing the touch
> of her fingers, thick with the piercing of her needle.
> Every stitch full to the brim. I never liked them.*

Co mi próbowałaś powiedzieć, babciu? Wyciągam te
stare obrusy, serwetki, pościel; staram się poznać ich
język. Czemu mnie do nich nie ciągnęło?

> *What did you try to tell me, Grandma? I take out those
> old tablecloths, napkins and bed-linen; try to read their
> language. Why wasn't I fond of it when I saw your
> embroidery?*

Twoje kordonki – zapętlone, niecierpliwe. Łączą mnie
z tobą. Przywiązują, wiążą. Palcami czuję ostry czubek
twojej igły. Jak kiedyś ty, z trudem nawlekam nitkę.

> *Your stranded cottons – looping and swishing. They
> link me to you. They tie me, tie me down. My fingers
> feel the point of your sharp needle. Like you used to,
> I now struggle threading the eye.*

Aż się wzdrygałam. Twoje kolory były dla mnie
krzykliwie. Linie i kształty zbyt zaokrąglone i kobiece,
zbyt ozdobne. Wzory przestarzałe i ckliwe. Męczyło
mnie to wszystko. Wzdrygałam się, a ty o tym
wiedziałaś.

*I cringed. Found your colours garish. Lines and shapes
too curvy and feminine, too flowery. Patterns passé and
mawkish. I found it all tedious. I cringed and you knew it.*

Czy swój manifest kobiety napisałaś igłą? Czy byś mi
o tym powiedziała, gdybym cię zdążyła zapytać?

*Did you write your feminist manifesto with your
needle? Would you have told me had I asked you when
I still could?*

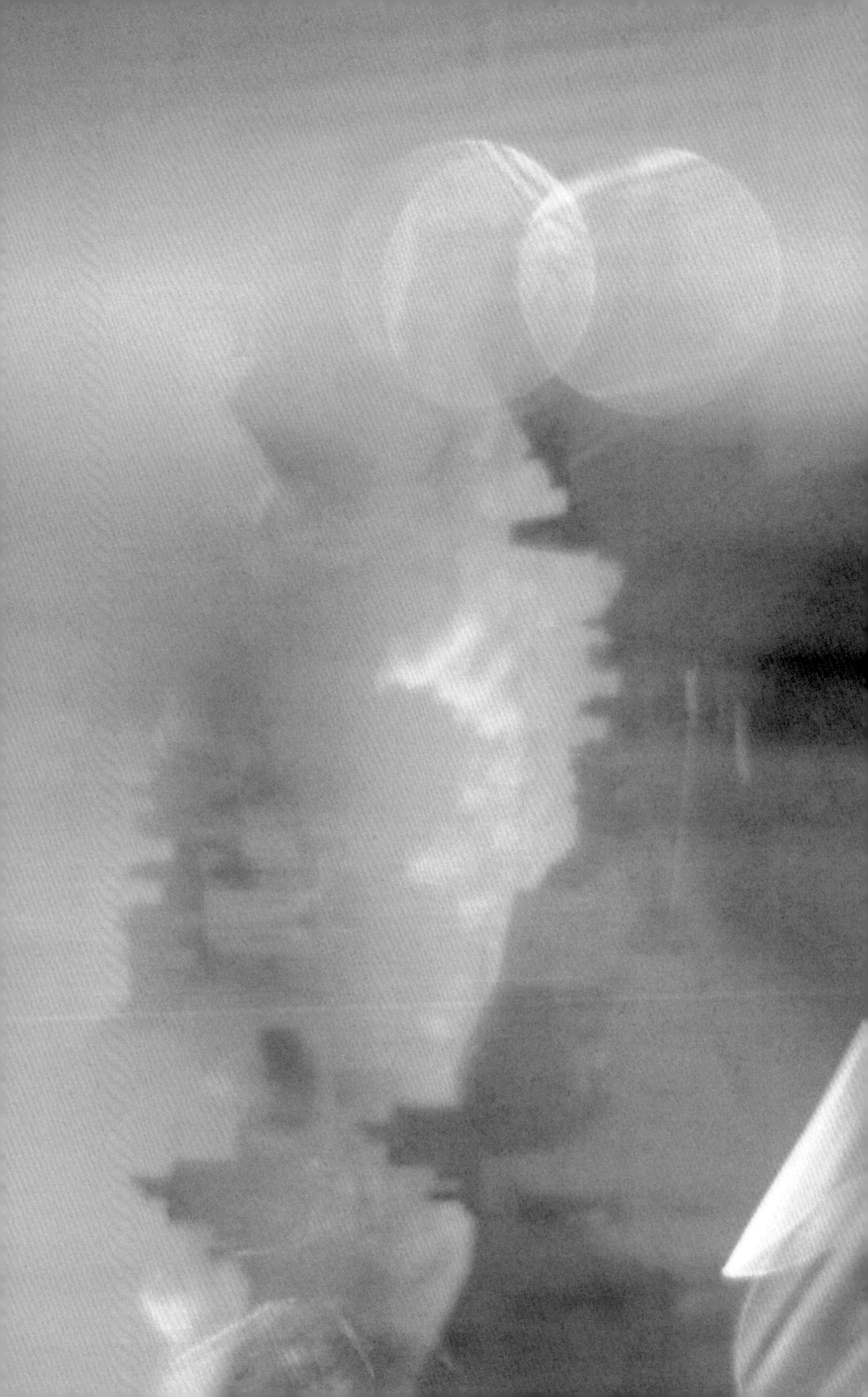

B(RE)ATHING. (W)OD(D)(A/ECH)

Bathwater dense with male cousin's presence.
Woda w wannie zgęstniała przez obecność kuzyna.

Fell in, didn't drown, but hit hard; cold knife to ease pain.
Wpadłam mocno, ale nie utonęłam. Zimny nóż przyłożony do guza.

Playing doctors, burning burning touch.
Zabawa w lekarza. Dotyk, który parzy.

I always stiffened in uncles' embraces.
Zawsze sztywniałam w objęciach wujków.

Unwound only when with women and girls.
Odprężenie tylko przy kobietach i dziewczynkach.

Female teachers, older women, girlfriends.
Nauczycielkach, starszych ode mnie kobietach, koleżankach.

Inspired by / Tytuł zainspirowany książką *Sur(rendering)* by / autorstwa
Mari(o/a) Martín(a) Gijón(a).

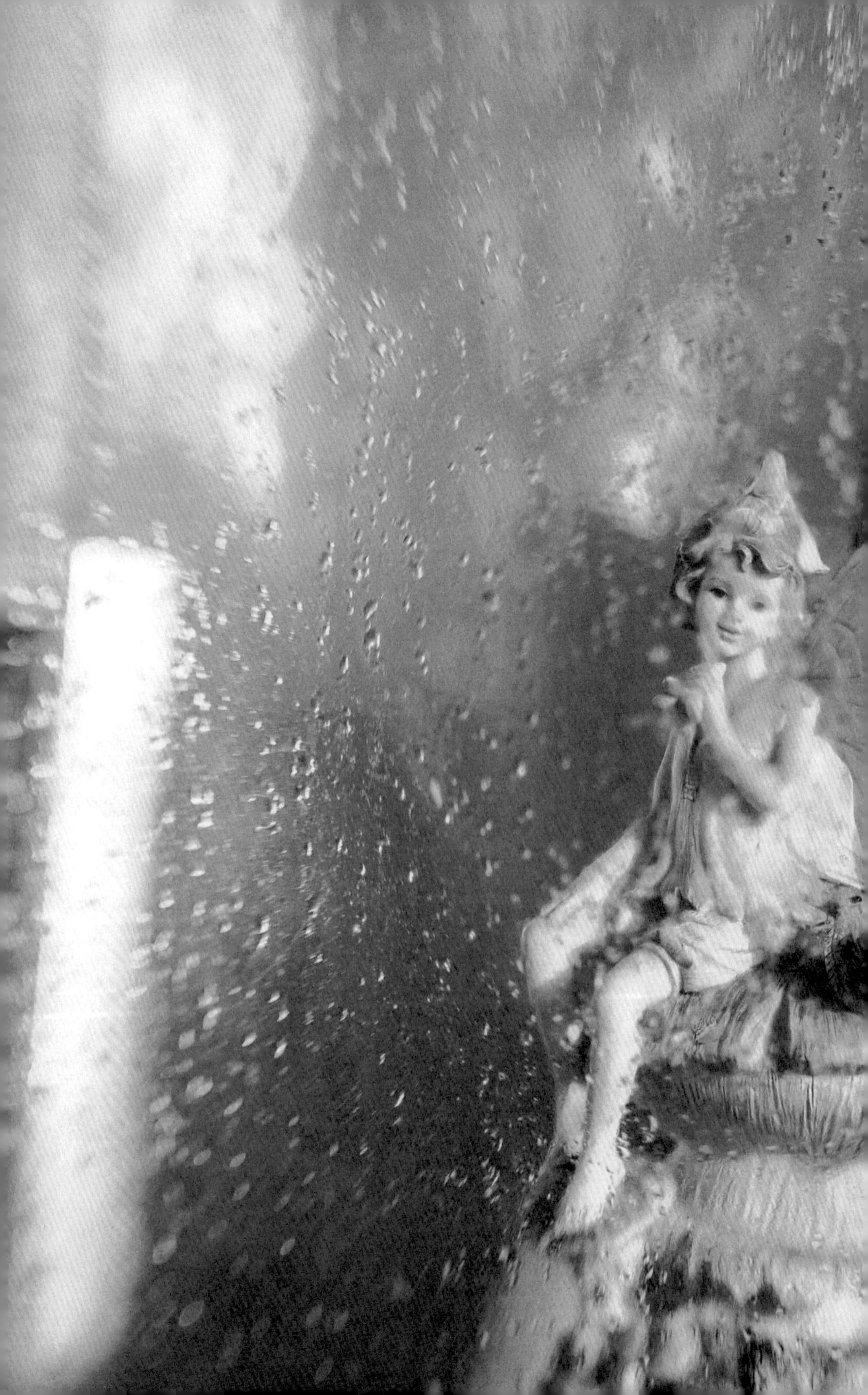

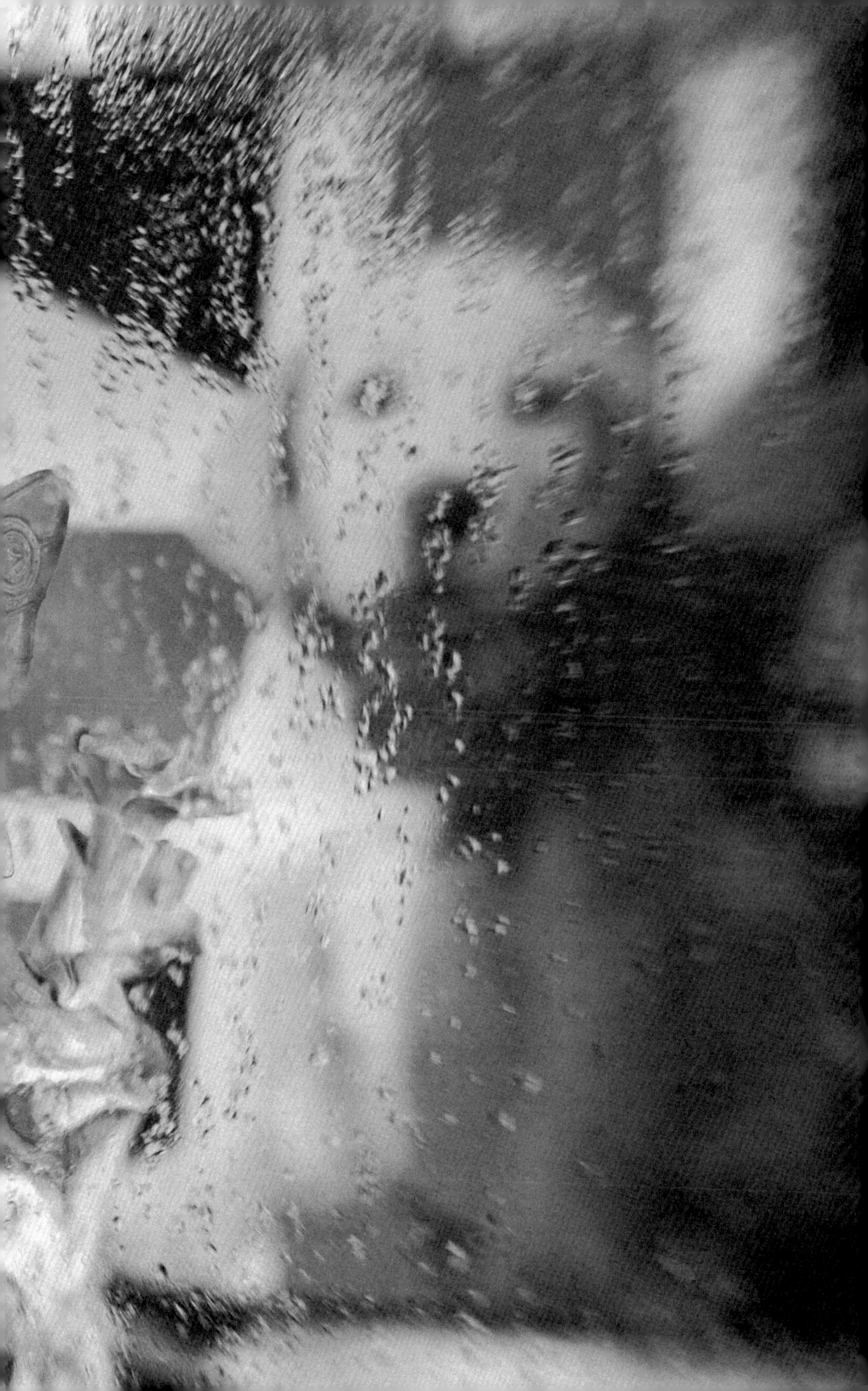

LUKING BAK

If
ten jers agoł
aj łos ten
jers older,
aj majt
hef
let ju
law mi.

Bat
ten jers agoł
aj łos
ten
jers janger.
End aj łos
skerd.

Nał
its ju
hu is ten
jers
tu old
tu
law mi.

PATSHONTZ FSTETCH

Gdeebeem
djeshyentch lat tehmooh
meowhah djeshyentch
lat vyentzey,
morzjeh
dawhabeem
tchee shyeh
cohatch.

Aleh
djeshyentch lat tehmooh
meowham
djeshyentch
lat mnyey.
Bawham
shyeh.

Terass
toh tee
mash djeshyentch
lat
zah doorzjoh
beeh mnyeh
cohatch.

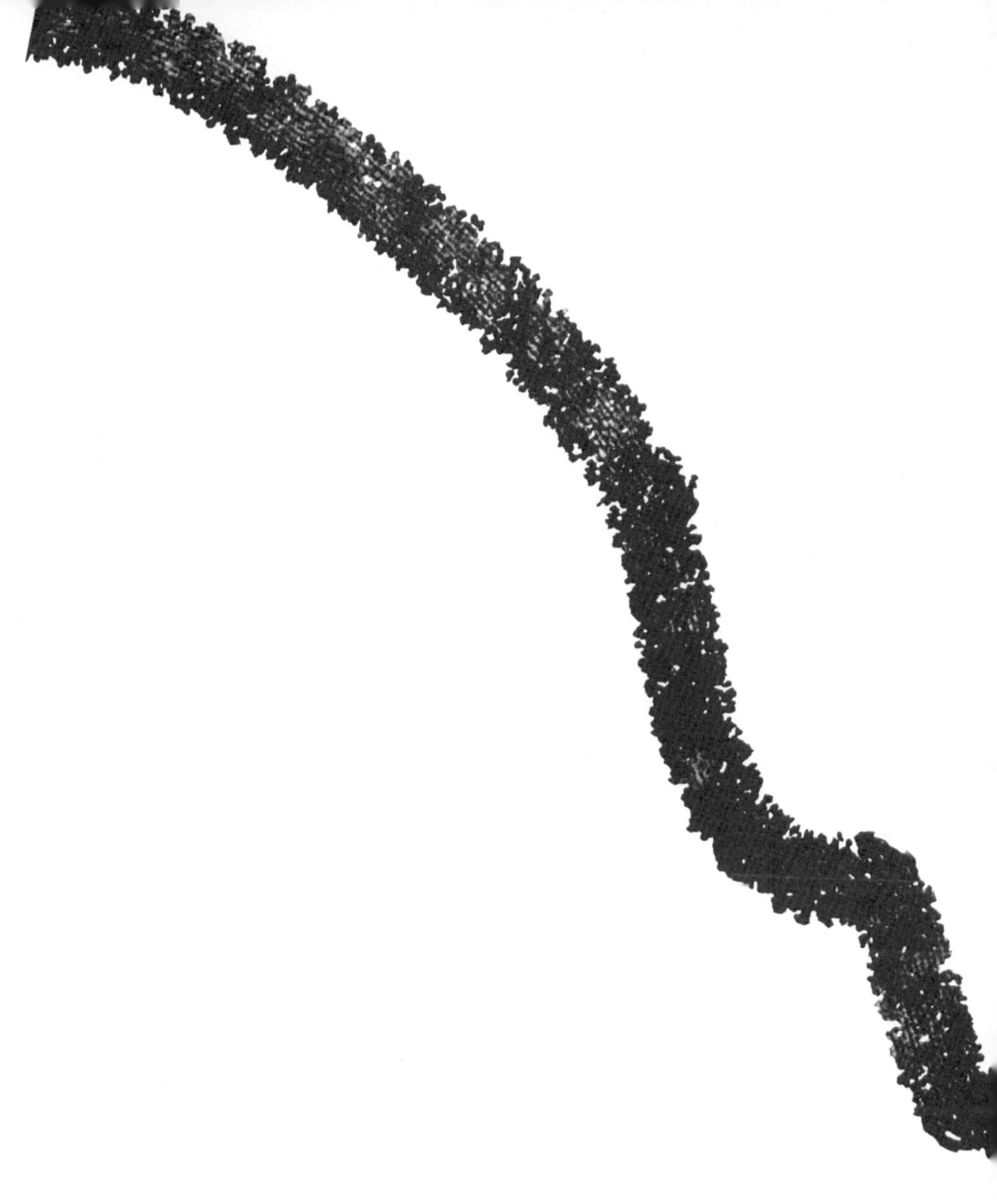

***

All women I knew growing up were straight.
Gdy dorastałam, wszystkie kobiety były hetero.

Women: so good at pretending.
Kobiety: tak dobrze udają.

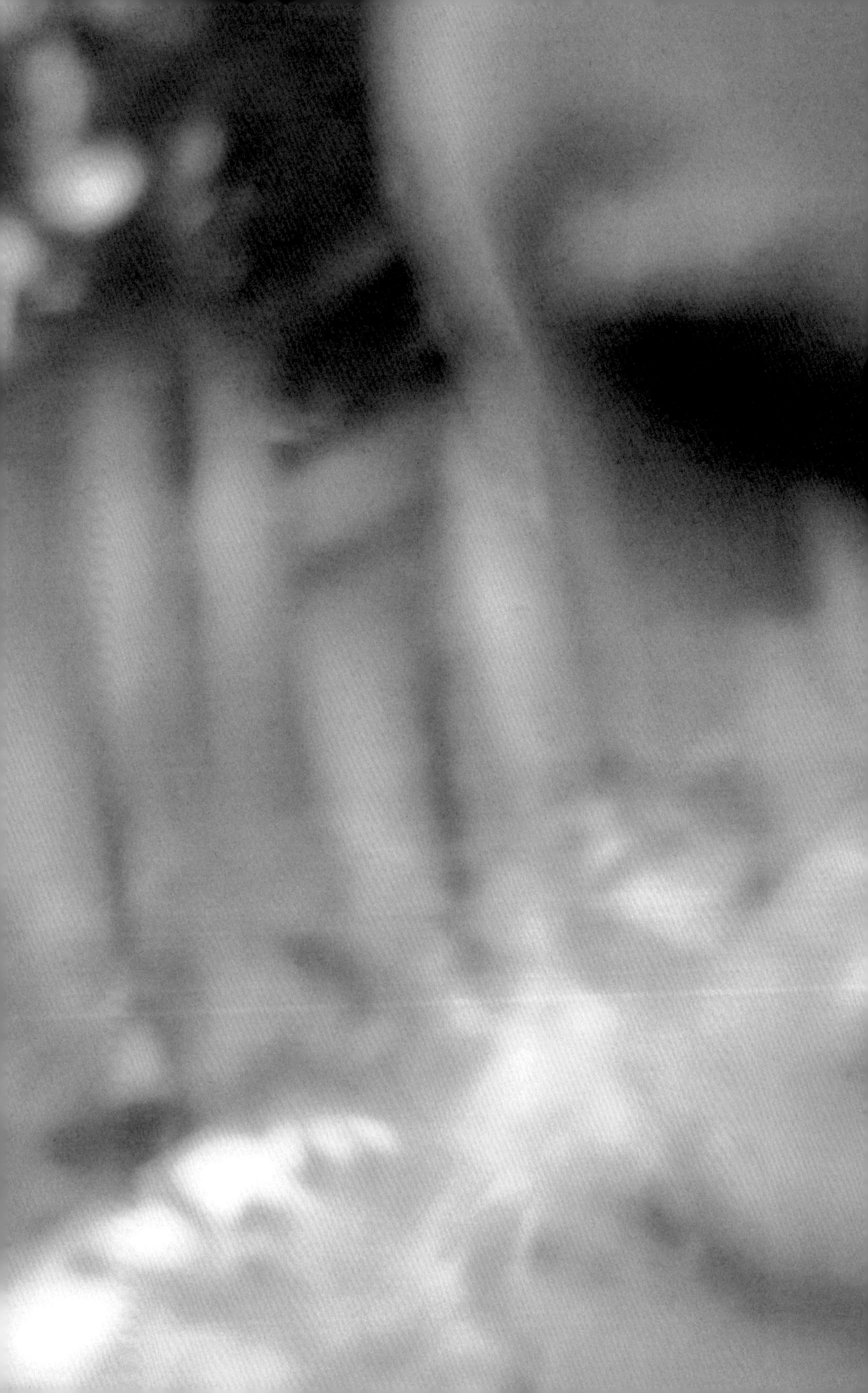

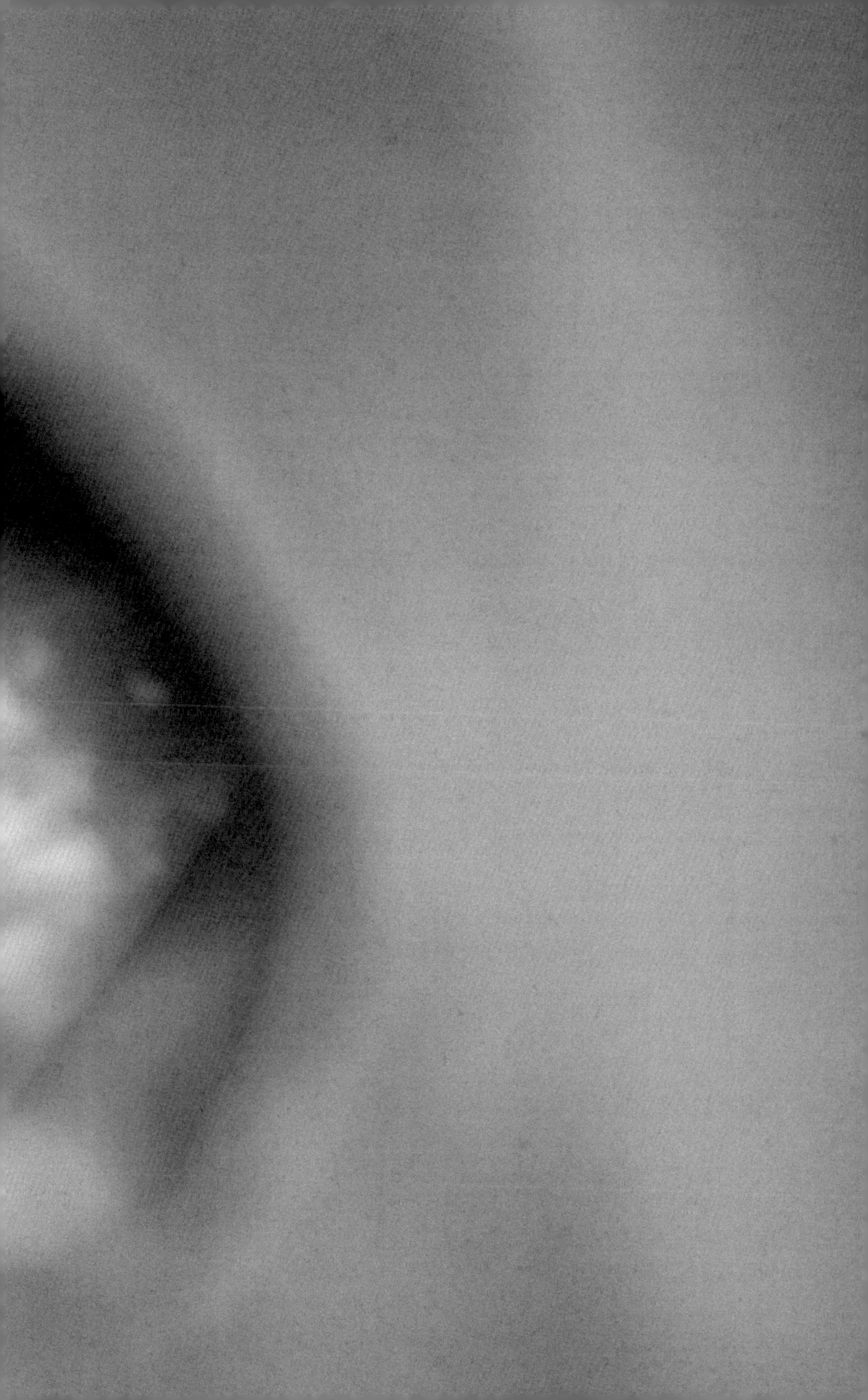

TRYING MEN. MĘSKIE PRÓBY

Bo może jestem

Bo może nie

Bo łatwiej

Bo mogłoby być trudniej

Bo oni są pod ręką

Bo one nie są

Ludzie mogliby się dziwnie przyglądać

Bo mogliby gadać

Bo kto wie, co by było

Bo lepiej nie

Because maybe I am

Or maybe I'm not

Because it's easier

Because it might be harder

Because men are just there

And women are not

People might look strangely

There might be talk

Who knows what might happen

Because better not

Inspired by and borrowed from / Wiersz zainspirowany *Karner Blue* by / autorstwa Carrie Etter.

A *CHILD.* DZIECKO

I was never maternal. Nigdy nie chciałam mieć dzieci. "Force yourself. Just in case. You may change your mind," my childless aunt told me. "Zmuś się. Może kiedyś zmienisz zdanie," powiedziała mi ciotka, która nie ma dzieci. A negative pregnancy test a few years later. Disappointment after all. Negatywny test ciążowy kilka lat później. Jednak rozczarowanie.

LIKE A MOVIE

A few dates, then his place, eventually. My gut was sending yellow flares of warning. I didn't listen. I looked up when in bed. His friend was there, with a camera, filming us. Flight instinct took over. I quickly mapped my things: my bag, clothes, shoes, coat. I was out the door before they realised. I've never run so fast. Through the night, looking for a bus stop or tube, my pocket vibrating heavily with his calls. These were followed with
voicemail
voicemail
voicemail.

The police said to change the number. The police were not interested in names, addresses. The police didn't care that they were both psychologists, working for the local council.

JAK W FILMIE

Kilka randek, potem do niego. Żółte światła ostrzegawcze w brzuchu. Nie posłuchałam. Podniosłam wzrok z łóżka. Jego kolega, kamera. Filmował nas. Instynkt kazał mi uciekać. Pośpiesznie skreślona mapa, moje rzeczy: torba, ciuchy, buty, płaszcz. Byłam za drzwiami, nim zdążyli się zorientować. Nigdy w życiu tak szybko nie biegłam. Przez noc, szukając autobusu lub metra, z kieszenią wibrującą ciężko od jego telefonów. Po nich przyszły wiadomości
wiadomości
wiadomości głosowe.

Policja kazała mi zmienić numer. Policji nie obchodziły nazwiska ani adresy. Policji nie interesowało, że obaj byli psychologami i pracowali dla lokalnych władz.

BLOW-BY-BLOW. CIOS ZA CIOSEM

Round One
>> Pierwsza runda

"All gays should be sent to a remote island,"
> „Wszystkich gejów trzeba wysłać na bezludną wyspę",
Uncle D says.
>> mówi wujek D.

Uncle B dreads his sons
>> Wujek B boi się swoich synów
meeting a queer person in the street.
>> spotkania z gejem na ulicy.

Auntie P's big birthday boxing ring
>> Wielki urodzinowy ring bokserski u cioci P
gets emptier and emptier.
>> coraz szybciej pustoszeje.
Food left behind on the table,
>> Zostało tylko jedzenie na stole,
the audience, the referee gone.
>> widownia sędzia zniknęli.

This family doesn't argue.
>> Ta rodzina się nie kłóci.
This family doesn't have anything to argue about.
>> Ta rodzina nie ma się o co kłócić.
This family doesn't.
>> Ta rodzina nie.

My mother whispers in the other room,
>> Mama mówi szeptem w drugim pokoju,
>> „miałaś rację".
"You were right," but she left the ring too.
>> Miałam, ale też wyszła z ringu.

Later she feels a bit bad about feeling a bit bad.
>> Później trochę jej głupio, że było jej głupio

Being a doctor, wants me to see a shrink.
Jest lekarką, chce mnie wysłać do psychiatry.
"Don't tell grandma, she is so old".
„Tylko nie mów babci, jest już stareńka.
Zostaw, poczekaj".

Next Round
Kolejna runda

Uncle D still stays
Wujek D trzyma się
away, curious by proxy.
z daleka, zaciekawiony na odległość.
Uncle B's thrown in the towel,
Wujek B się poddał,
declares happiness with my happiness.
moje szczęście go uszczęśliwia.
Auntie P wants to meet "my friend."
Ciocia P chce poznać „moją koleżankę".
My mother's now proudly tagged
Mama z dumą oznaczona
with "my child is gay."
metką: „moja córka jest lesbijką".

This family, tagged.
Ta rodzina, oznaczona.

This family is.
Ta rodzina jest.

A family.
Rodziną.

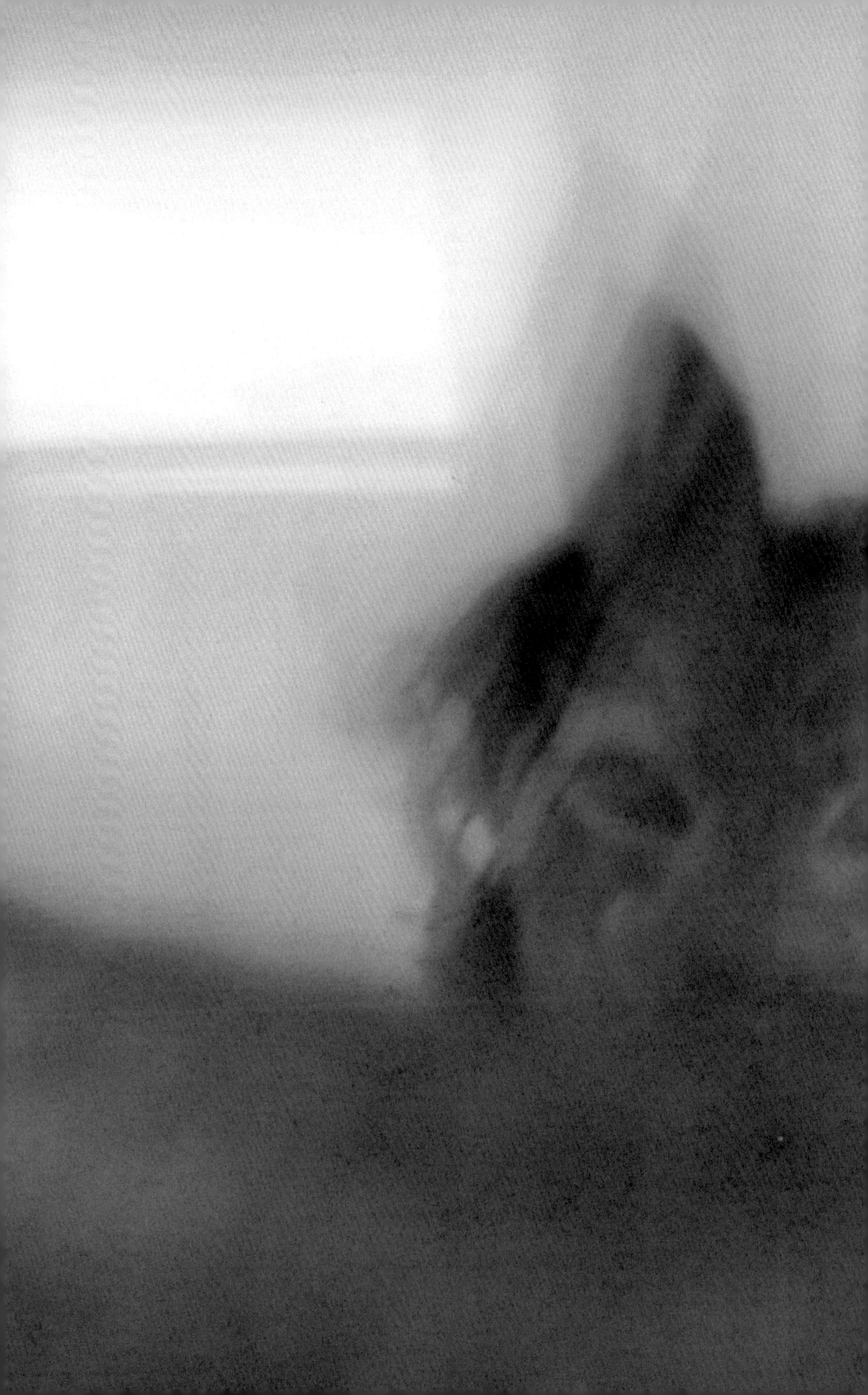

A LINE IN THE SAND. LINIA NA PIASKU

Family holidays, a safe cocoon.
Sun is bright, sand whistles whitely,
water hums with salty blue.
> Wakacje z rodziną, bezpieczna przystań.
> Świeci słońce, piasek gwiżdże na biało,
> woda szepcze słonym błękitem.

In my family we go for walks along the beach.
> W mojej rodzinie chodzi się na spacery po plaży.

I go for a walk along the beach
with my girlfriend.
We hold hands.
> Idę na spacer po plaży
> ze swoją dziewczyną.
> Trzymamy się za ręce.

Like pollen for bees we attract looks.
Nothing more, just looks.
> Jak nektar pszczoły ściągamy spojrzenia.
> Nic więcej, tylko spojrzenia.

Like rotting meat for flies.
> Jak gnijące mięso muchy.

Initial defiance and pride
quickly sour into something stifling.
That's the taste of fear.
> Początkowe przekora i duma
> szybko kwaśnieją w coś dusznego.
> Tak smakuje strach.

> *A man gets up from his beach towel.*
> Jakiś mężczyzna podnosi się z ręcznika.

***

Księgarnia sieciówka. *A chain bookstore.*
I'm after books about people like me. Szukam książek o takich, jak ja.
Like me?
Niskich? Mysiowłosych? Niebieskookich? Wąskoustych?
Short? Mousy-haired? Blue-eyed? Thin-lipped?

There is no section with LGBT books here. Nie ma tu działu z książkami LGBT.

I spend hours browsing. Szukam godzinami.
W końcu. *Finally.*
Is anybody looking? Czy ktoś patrzy?

I wait until closing time, less people. Czekam do późna, mniej ludzi.
Chowam książkę w stercie do kupienia. *I hide the book in a pile to buy.*
Stealthily, I draw nearer to the till. Skradam się do kasy.
Two female assistants exchange knowing looks.
Dwie kasjerki patrzą po sobie znacząco.

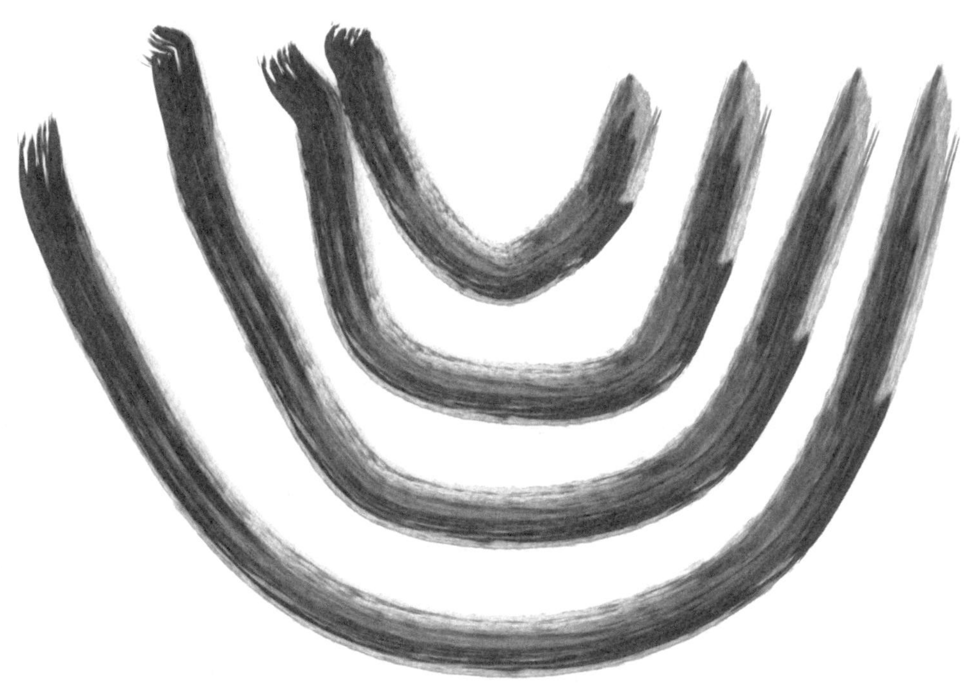

2020

Rainbow plague fills the streets, cold feet, sore throats.
How many contagions of fury are still needed?

Ulice wytęczone, zmarznięte nogi, zdarte gardła.
Ilu jeszcze musi się zarazić wściekłością?

CONVERSION THERAPY

There was once a place on earth which was wonderful and true, where anything was possible. Abortion didn't exist there, because nobody wanted it. Women were all housewives and mothers, happily so. Homosexuality was a disease, but it was curable. Conversion therapy sometimes took years. But it worked, not like in other places. And if it didn't work, it quickly resulted in suicide. Problem solved. There were also other options: prayer or lobotomy, exorcisms or testicle transplant, sport or uterus removal, fasting or castration. In every gilded parish men in dresses assisted the ill in regaining health and the only natural orientation. Nobody went without help.

Just like Alan Turing in 1952.

TERAPIA REPARATYWNA

Istniało kiedyś takie miejsce pod słońcem, wspaniałe i czyste, gdzie wszystko było możliwe. Bez aborcji, bo nikt jej nie chciał. Wszystkie kobiety były szczęśliwymi żonami i matkami. Homoseksualizm był chorobą, ale uleczalną. Terapia reparatywna czasem trwała latami, lecz zawsze skutkowała. Nie jak gdzie indziej. A jeśli nie, szybko owocowała samobójstwem, więc problem znikał. Można też było skorzystać z innych opcji: modlitwy lub lobotomii, egzorcyzmów lub przeszczepu jąder, sportu lub usunięcia macicy, postu lub kastracji. W każdej pozłacanej parafii panowie w sukienkach wspierali chorych w odzyskiwaniu zdrowia i jedynie słusznej orientacji. Każdemu zapewniano pomoc.

Zupełnie jak Alanowi Turingowi w 1952 roku.

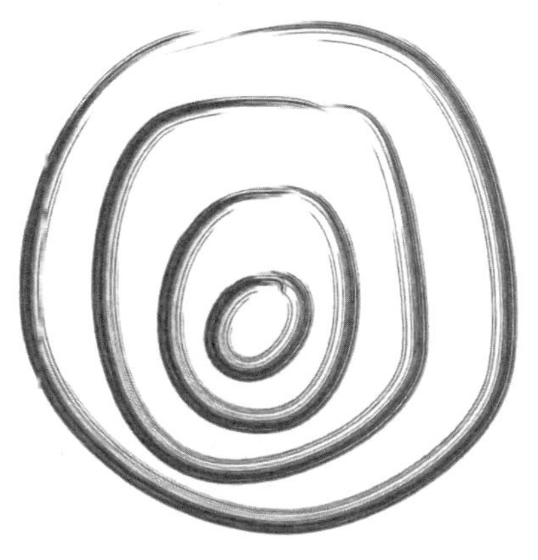

AND THE BREATHING GETS HARDER. I CORAZ TRUDNIEJ ODDYCHAĆ

The doors of your church are choking.
Choking on hatred. Choking me.
Is it really the rainbow plague infestation?
Is that what shortened the breath?

Drzwi twojego kościoła dławią.
Dławią nienawiścią. Dławią się mną.
Czy to naprawdę atak tęczowej zarazy?
Czy to on skrócił oddech?

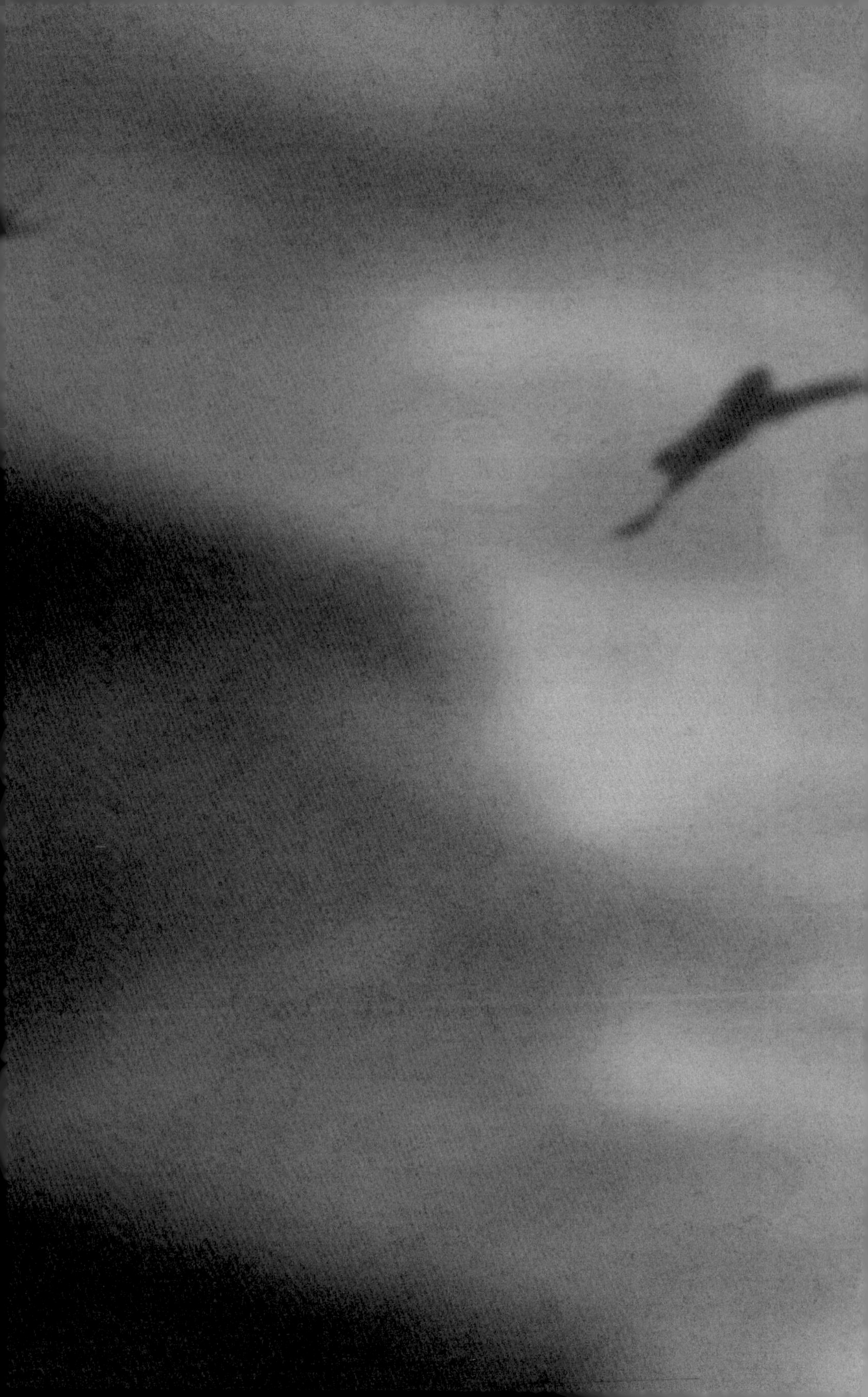

DIALOGUE EXERCISES.
ĆWICZENIA Z DIALOGU

I, "Mum, I need to see you and Dad. There is something I need to tell you."
Ja: „Mamo, muszę o czymś porozmawiać z tobą i Tatą".

Break

Przerwa

Mum, "I'm sorry I'm not jumping up with joy."
Dad, after a long silence, "If you are happy, I am happy."
Mama: „Przykro mi, że nie skaczę z radości pod sufit".
Tata, po długiej pauzie: „Jeśli jesteś szczęśliwa, to ja też".

Break

Przerwa

Mum to Brother-in-Law, doctor to doctor, "Perhaps she should see a shrink. Surely this can be cured."
Mama do Szwagra, lekarz do lekarza: „Może powinna pójść do psychiatry. To się na pewno da wyleczyć".

Break

Przerwa

Sister, "Oh, so my son will have two aunties instead of one, how cool."
Brother-in-Law, "When can I meet your girlfriend?"
Siostra: „O, to mój synek będzie miał dwie ciocie zamiast jednej. Super!".
Szwagier: „Kiedy przyjedziesz ze swoją dziewczyną?".

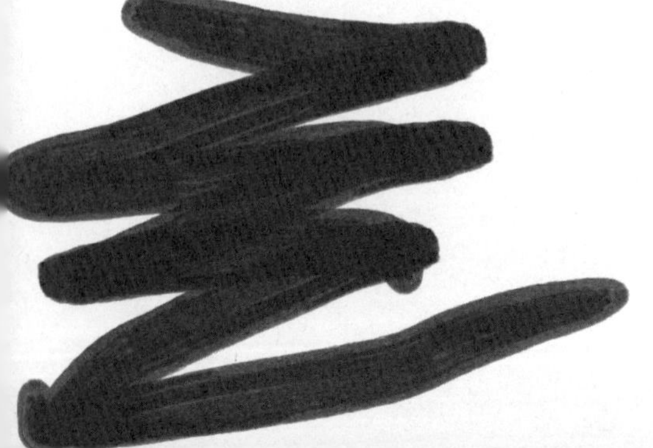

54

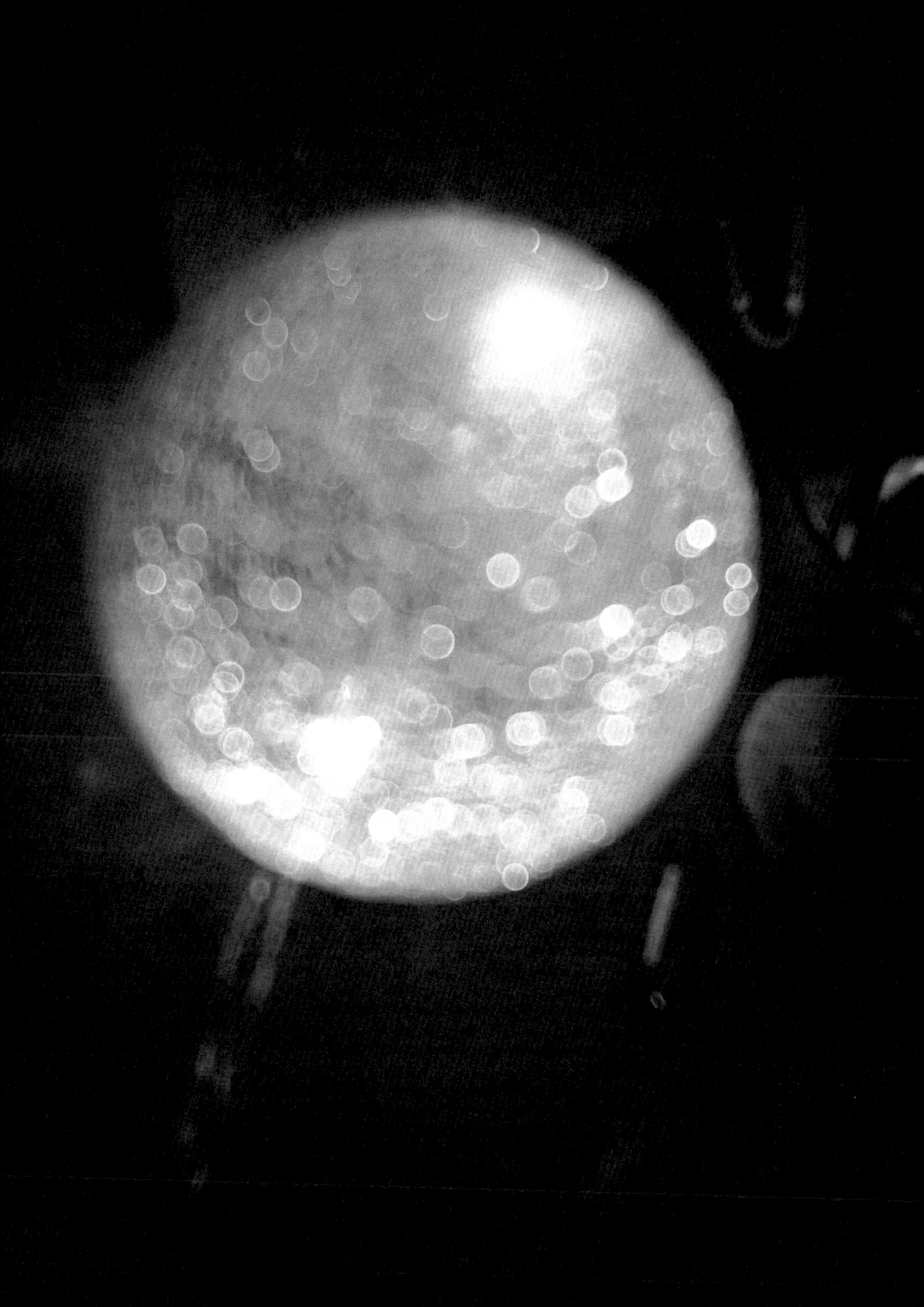

KASHUBIAN COMING OUT

*The wardrobe in the bedroom,
its stifling green doors.*

*Smaller closets emptied in tantrums
just before having to leave for school.*

The szafa *in the parents' bedroom,
mother's oppressive order.*

The garderoba *in the hallway,
winters and summers sliding in and out.*

The shafe, *the treasureful* almer.
The pain of it being stripped empty years later.

The ruchniónka *kept shut like the covers
of the old diaries, letters.*

The szpiniô *bulging with secrets,
shouting, shouting.*

The stuffy Schrank *finally open.
A breath.*

Words for wardrobe/closet in different languages historically spoken in Pomerania: *szafa,
garderob*a (Polish); *shafe, almer* (Yiddish); *ruchniónka, szpiniô* (Kashubian); *Schrank*
(German).

WYJŚCIE Z KASZUBSKIEJ SZAFY

Duża szafa w pokoju,
dławiąca zieleń drzwi.

Mniejsze szafki opróżniane w furii
zaraz przed wyjściem do szkoły.

Szafa u rodziców w sypialni,
duchota matczynego porządku.

Garderoba w przedpokoju,
przesuwanie pór roku po szynach.

Shafe, pełen skarbów *almer*.
Jego bolesne opróżnianie lata później.

Ruchniónka zatrzaśnięta jak
stare pamiętniki, pożółkła jak listy.

Szpiniô spuchnięta od sekretów,
krzycząca coraz głośniej.

Niewietrzony *Schrank*, wreszcie otwarty.
Oddech.

Określenia na szafę w różnych językach występujących historycznie na Pomorzu: szafa, garderoba; *shafe*, *almer* (jidysz); *ruchniónka*, *szpiniô* (kaszubski); *Schrank* (niemiecki).

* * *

My one with the skin of burnt caramel
With skin like hot sun
Watched from under a wide-brimmed hat
Tasting of salt
My one with a soul of a lizard
Flickering between light and shade
Always evasive, always ahead
My one whose palms are wide wide worlds
Across whose palms ships sail
Along whose palms maps are written
My one with hair of not
With hair that uncoils surprises
With hair plaited with light
Whose cheeks capture open water
With waves breaking
Brimming with fish
My one whose nape is like liquorice
And whose nose is a sleigh
Whose shoulders are ancient banana plantations
And coconut palms
My one whose thighs are books of secrets
Whose knees always smile
And whose shins never go to sleep
Whose ankles are not anchors
And neither are they flapping flags
My one with belly button smelling of beginning
Whose stomach heaves salt like a shore
My one whose breasts are a clearing in the woods
Whose breasts are sweet smoke
Her eyelashes are waterfalls
Her waist is a silverfish
And morning shower
Her back is a slide

* * *

Moje kochanie o skórze jak przypalony karmel
O skórze jak gorące słońce
Oglądane spod kapelusza z szerokim rondem
Smakujące solą
Moje kochanie o duszy jaszczurki
Migoczące pomiędzy światłem a cieniem
Wiecznie nieuchwytne, zawsze o krok
Moje kochanie z dłońmi jak najdalsze światy
Z dłońmi, po których żeglują statki
Z dłońmi, na których piszą się mapy
Moje kochanie o włosach niewłosach
O włosach, w których rozkręcają się niespodzianki
O włosach przeplecionych światłem
O policzkach, które zbierają otwarte wody
Gdzie przełamują się fale
Gdzie aż roi się od ryb
Moje kochanie z karkiem niczym lukrecja
I nosem jak sanki
Z ramionami jak prastare plantacje bananów
I palm kokosowych
Moje kochanie z udami jak tajemne księgi
Z kolanami, które zawsze się uśmiechnają
O goleniach, które nigdy nie śpią
O kostkach, które nie są ani kotwicami
Ani flagami na wietrze
Moje kochanie o pępku, który pachnie początkiem
Brzuchu, na którym osadza się sól niczym na brzegu
Moje kochanie o piersiach jak polana w lesie
O piersiach jak słodki dym
Jej rzęsy niczym wodospady
Jej talia to rybik
I poranny prysznic
Jej plecy to zjeżdżalnia

Her legs are gentle breeze
Her arms are both foxes and their lair
Her feet are swallows
Her hands are moths
Water hums streaming from her hands
Her fingers are sweet ice-cream
And whooshing grass
Her nails are smooth pebbles
And ticking bombs
My one whose children are born at a shutter speed
Who herself is a shutter
Throat filled with coffee
Filled with cigarette smoke
My one, camera-poised
My one, on hold
My one in the sand the far the sunglasses
My one gusted
I watch

Jej nogi delikatny powiew
Jej ramiona – naraz lisy i ich nora
Jej stopy to jaskółki
A jej ręce – ćmy
Woda szumi, spływając z jej rąk
Jej palce – słodkie lody
Albo szelest traw
Jej paznokcie to gładkie kamyki
I tykające bomby
Moje kochanie, której dzieci rodzą się w tempie
zwalnianej migawki
Która sama jest migawką
Gardło wypełnione kawą
Wypełnione papierosowym dymem
Moje kochanie przyczajone z aparatem
Moje kochanie – w zawieszeniu
Moje kochanie na piasku, daleko, w ciemnych okularach
Moje kochanie – bryzę
Oglądam

After / Na podstawie *Ma Femme à la chevelure de feu de bois* by / autorstwa
André Breton(a) and / oraz *Mans vīrietis ar jūras acīm rietā* by / autorstwa
Ann(a/y) Auziņ(a/y).

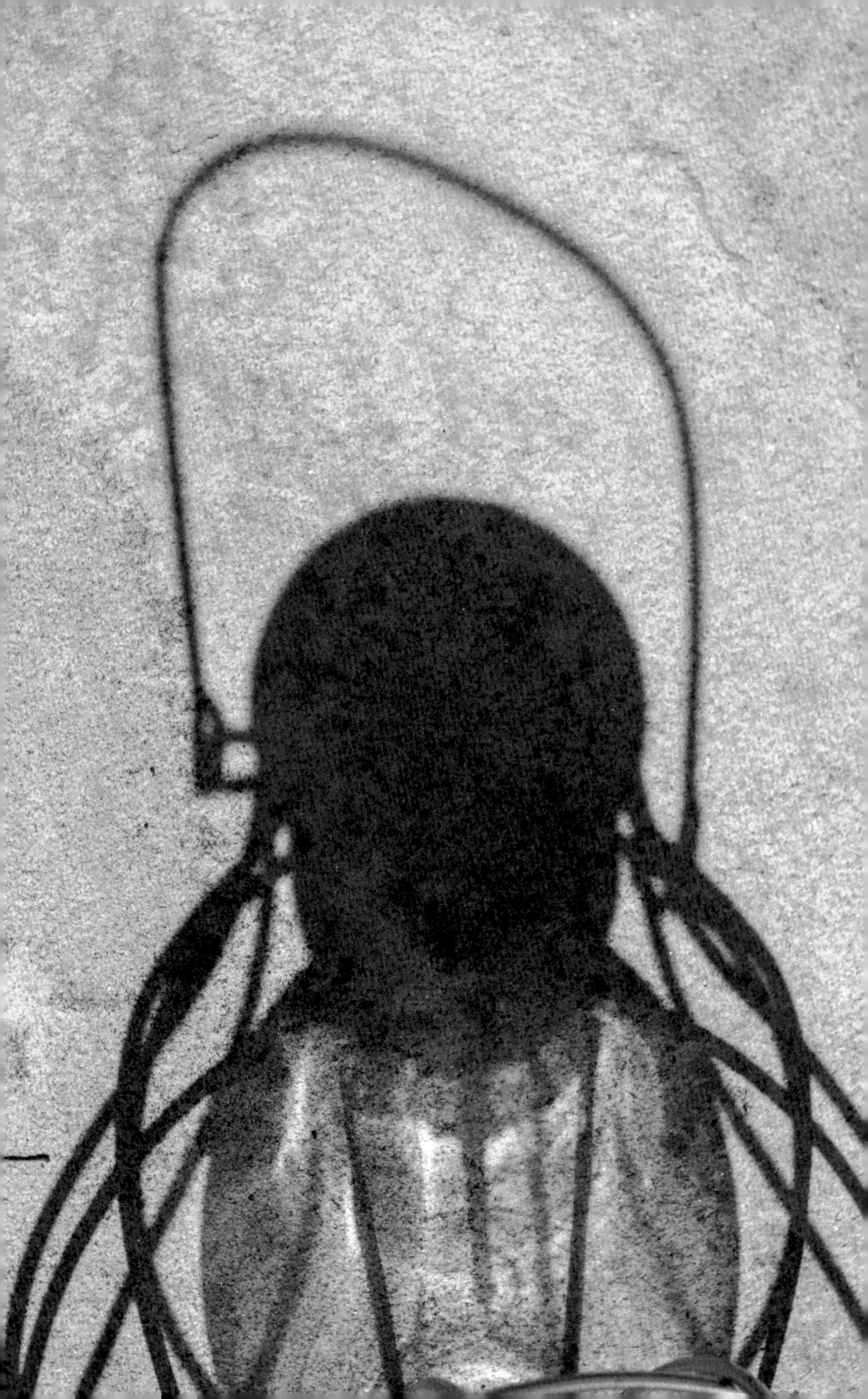

(*UN*/NIE)*NATURAL*(NOŚĆ)

Moja głowa	*My head*
w zagłębieniu	*in the hollow*
w dole twoich	*at the bottom of your*
pleców.	*back.*
Pasuje jak	*Fits*
ulał.	*like a glove.*
Twoje palce	*Your fingers*
splecione z	*intertwined*
moimi.	*with mine.*
Pasują.	*Dovetail.*
Moje kolano	*My knee*
wpasowane w	*matches*
zgięcie twojego	*the curve of your*
kolana. Idealnie.	*knee. Perfectly.*
Naturalnie.	*Naturally.*

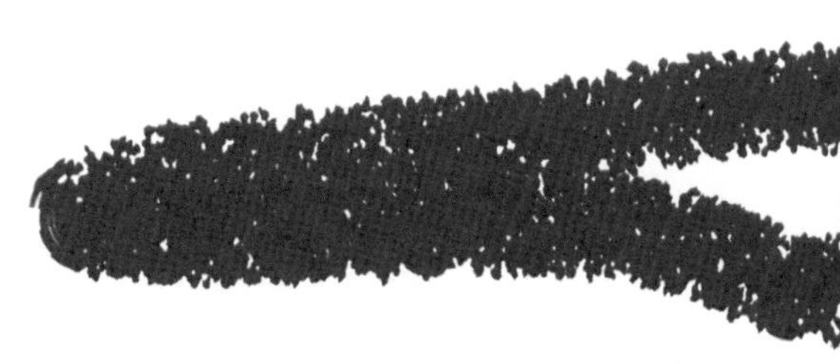

Inspired by / Tytuł zainspirowany książką *Sur(rendering)* by / autorstwa Mari(o/a) Martín(a) Gijón(a).

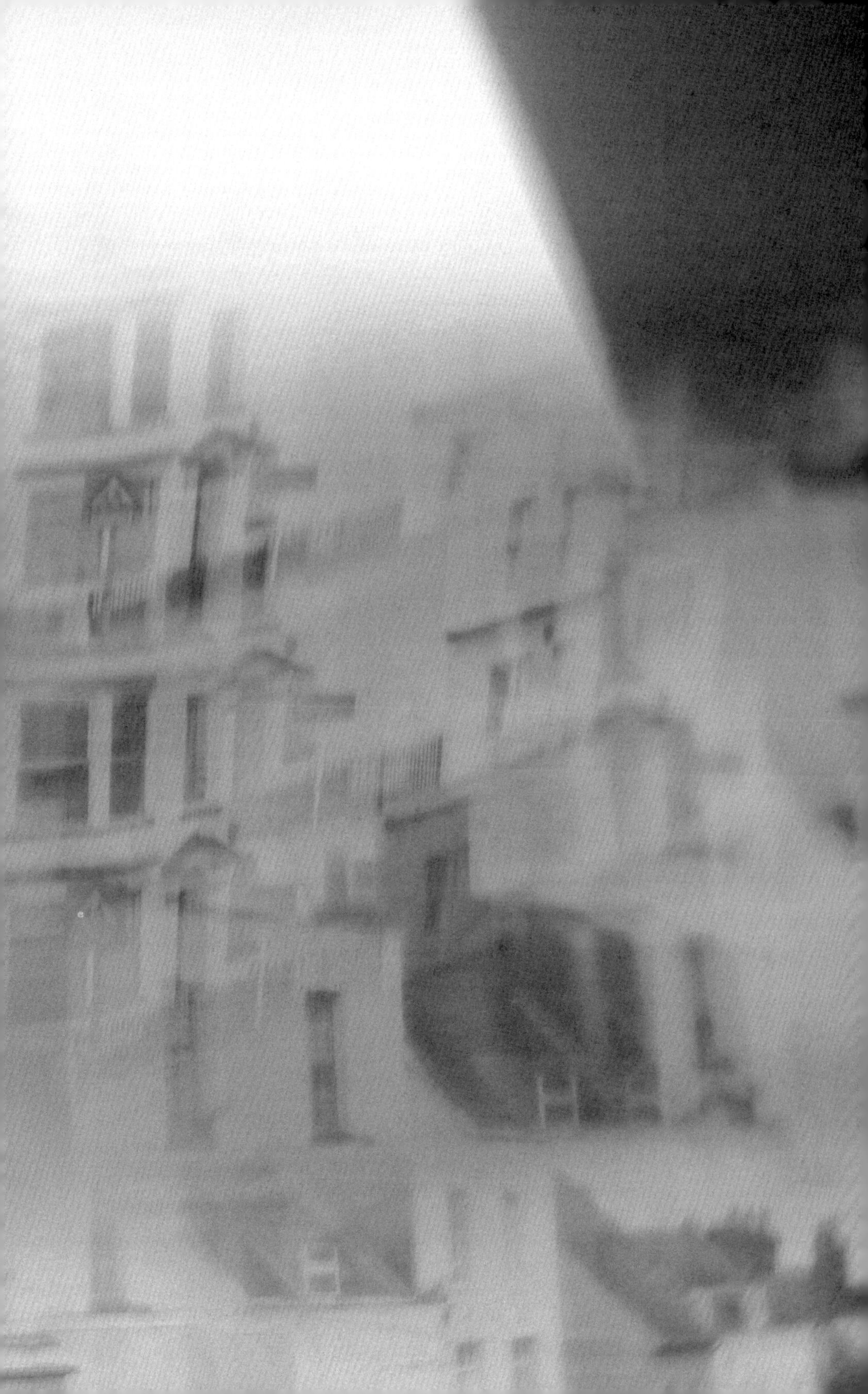

THE EVOLUTION OF CHRISTMAS.
BOŻE NARODZENIE – METAMORFOZY

Wigilia no. 1

Jezus malusieńki leży wśród stajenki. *Five months old. We couldn't get back home that night. Too much snow. My baby-blue pram's wheels shivered and refused to turn into skis. Cold.*

Wigilia no. 5

Płacze z zimna, nie dała mu matula sukienki. *Waiting for the first star. Breaking* opłatek *wafer with all the relatives, careful not to eat it myself. Always* karp *amongst twelve dishes. Had to taste them all. Singing* kolędy, *aunts' harmonies. This uncle or that dressed as Santa. Presents. Midnight mass. Frost.*

Wigilia nr 1

Jezus malusieńki leży wśród stajenki. Pięciomiesięczna. Nie mogliśmy wrócić do domu. Za dużo śniegu. Koła mojego niebieskiego wózka zadygotały i odmó-wiły przemiany w płozy. Mróz.

Wigilia nr 5

Płacze z zimna, nie dała mu matula sukienki. Czekanie na pierwszą gwiazdkę. Przełamywanie się opłatkiem z rodziną. Żeby tylko go nie zjeść sama. Karp zawsze pośród dwunastu dań. Wszystkich trzeba spróbować. Kolędy, chórki cioć. Jeden czy drugi wujek przebrany za Mikołaja. Prezenty. Pasterka. Szron.

Wigilia no. 12

Nie ma kolebeczki, ani poduszeczki. *Score in front of me, but not looking, I forgot* Silent Night *halfway through, my violin suddenly going silent, night staring at me through the eyes of the crowd gathered in the church. Black ice.*

Wigilia no. 17

We żłobie mu położyła sianka pod główeczki. *All that food, the despicable* karp! *What is Santa actually called?* Święty Mikołaj? Gwiazdor? *Or perhaps* Dziadek Mróz? *Just let go of me, I don't fit, I don't remember how to belong. Snowdrifts.*

Wigilia no. 29

Dashing through the snow. *There is no Wigilia, really, in THIS country. Presents, impatient till Christmas Day. Christmas Day not being a night, too bright, too day-like, too full of turkey or goose, or other roast, or Queen's speech. Overcast.*

Wigilia nr 12

Nie ma kolebeczki ani poduszeczki. Nuty przede mną, ale nie patrzyłam i zapomniałam *Cichą Noc* w połowie. Moje skrzypce nagle ucichły, a noc gapiła się na mnie oczami zgromadzonych w kościele. Gołoledź.

Wigilia nr 17

We żłobie mu położyła sianka pod główeczki. Tyle jedzenia, ten okropny karp! Jak naprawdę nazywa się Święty Mikołaj? Gwiazdor? A może Dziadek Mróz? Puśćcie, to nie dla mnie; zapomniałam, jak przynależeć. Zaspy.

Wigilia nr 29

Dashing through the snow. W TYM kraju tak naprawdę nie ma Wigilii. Prezenty czekają niecierpliwie do Pierwszego Dnia Świąt. W Pierwszy Dzień Świąt jest zbyt widno, zbyt jasno, za dużo indyka, gęsi, innej pieczeni czy przemówienia królowej. Chmury.

Wigilia no. 34

In a one horse open sleigh. *I have never gone back home for Christmas since moving countries. I have never gone back home for Christmas since coming here. I have never gone back home for Christmas since coming out. I miss it I don't belong to THIS Christmas, to Christmas and Boxing Day. Windy.*

Wigilia no. 44

Jingle bells, jingle bells, jingle all the way. *Christmas Eve dinner with* pierogi *and* barszcz. Opłatek *also. Half of the presents. The other half on the Christmas Day, in pyjamas, champagne, cigar. Christmas lunch: vegan roast and Queen's speech. Sometimes Christmas tree. Warm.*

Wigilia nr 34

In a one horse open sleigh. Nigdy nie byłam w domu rodzinnym na Święta odkąd się przeprowadziłam. Nigdy nie byłam w domu rodzinnym na Święta odkąd tu przyjechałam. Nigdy nie byłam w domu rodzinnym na Święta odkąd wyszłam z szafy. Tęsknię. Nie przynależę do TYCH Świąt, do Pierwszego i Drugiego Dnia Świąt. Wiatr.

Wigilia nr 44

Jingle bells, jingle bells, jingle all the way. Wigilia z pierogami i barszczem. Opłatek też. Połowa prezentów. Druga w Pierwszy Dzień Świąt, w piżamach, z szampanem i cygarem. Na lunch wegańska pieczeń i przemowa królowej. Czasem choinka. Ciepło.

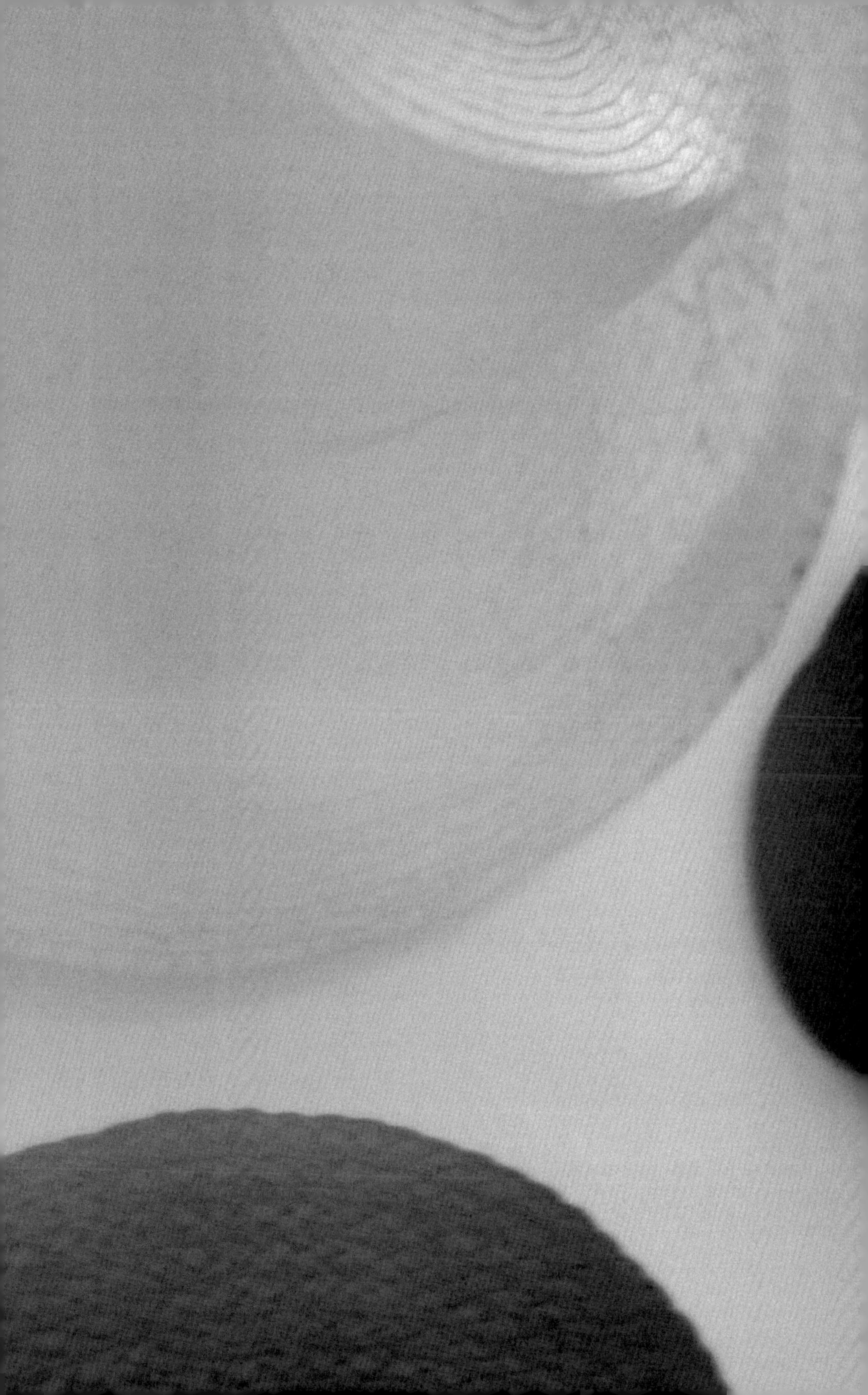

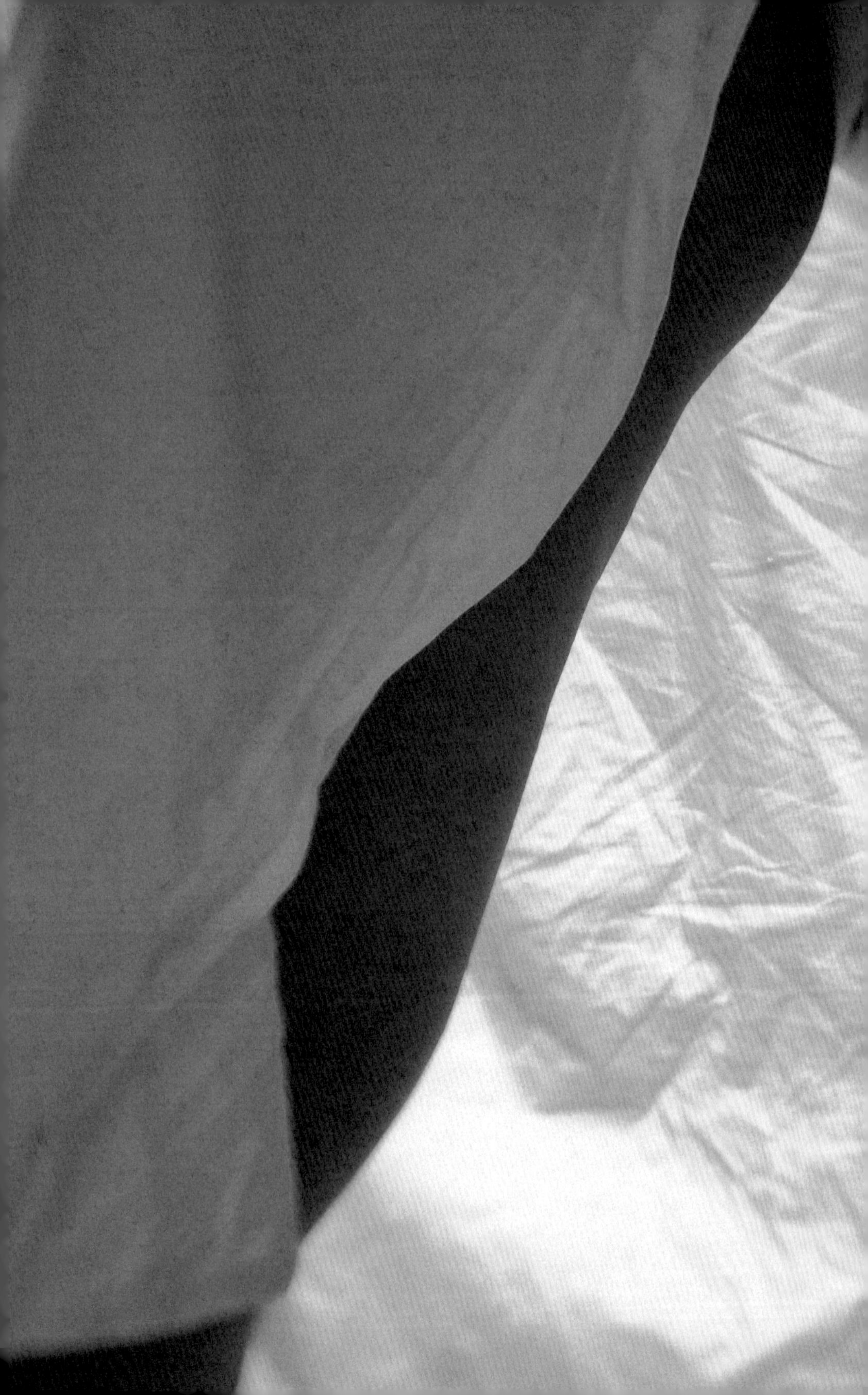

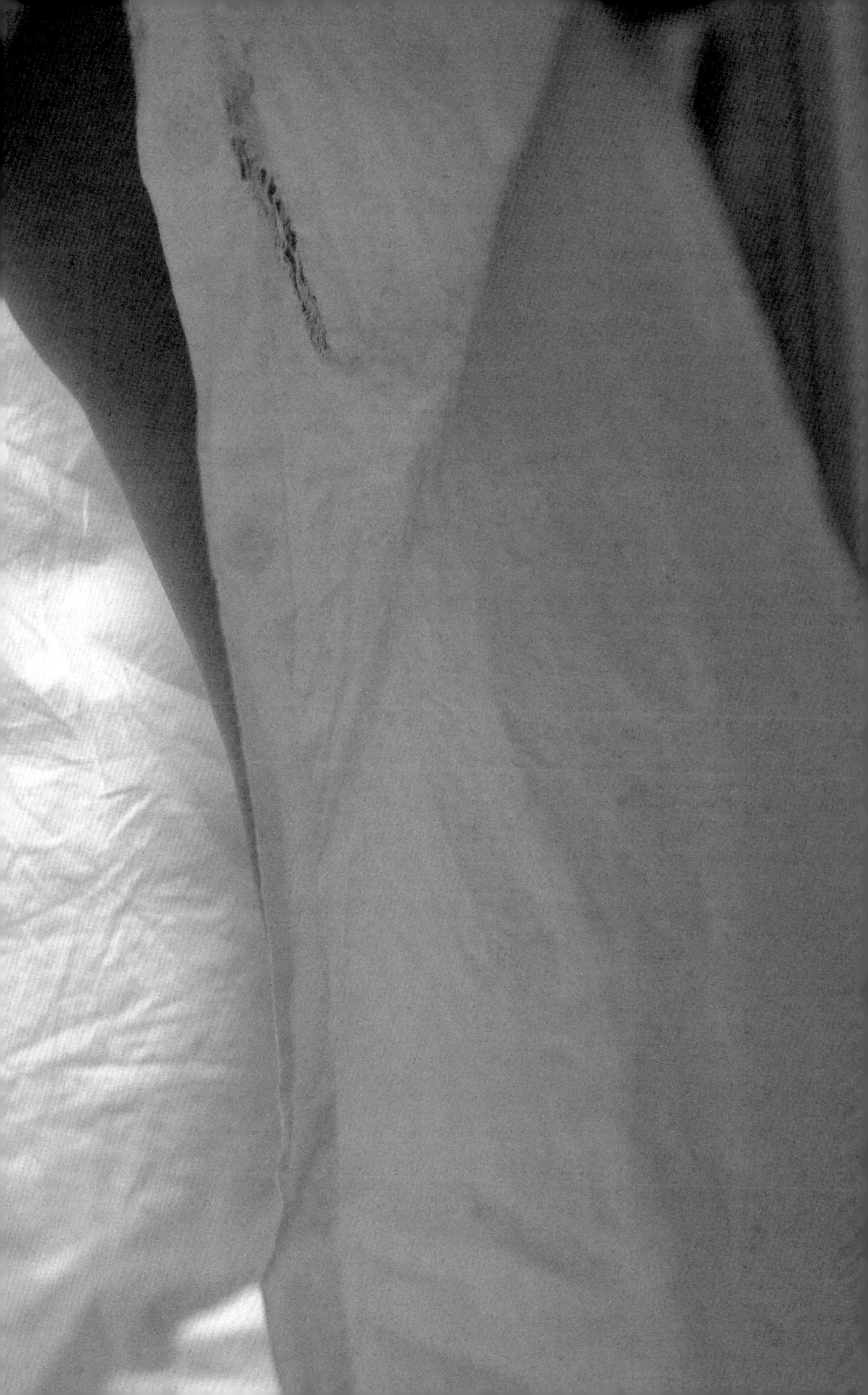

WHAT WOULD GRANDMA SAY?
CO POWIEDZIAŁABY BABCIA?

I like to imagine Grandma smiling gently,
opening her arms, not saying much at all.

> Lubię wyobrażać sobie ciepły uśmiech babci,
> jej objęcia, niewiele słów.

I like to imagine her cooking for my girlfriend;
her best: drożdżówka and pierogi.

> Lubię wyobrażać sobie, jak zabiera się za gotowanie,
> robi drożdżówkę i pierogi dla mojej dziewczyny.

I like to imagine Grandma asking me over the phone
about my holidays with my girlfriend, demanding to see photos.

> Lubię wyobrażać sobie, jak przez telefon babcia pyta mnie
> o moje i mojej dziewczyny wspólne wakacje, domaga się zdjęć.

I like to imagine Grandma
coming to visit us at our home.

> Lubię wyobrażać sobie wizytę babci
> w naszym domu.

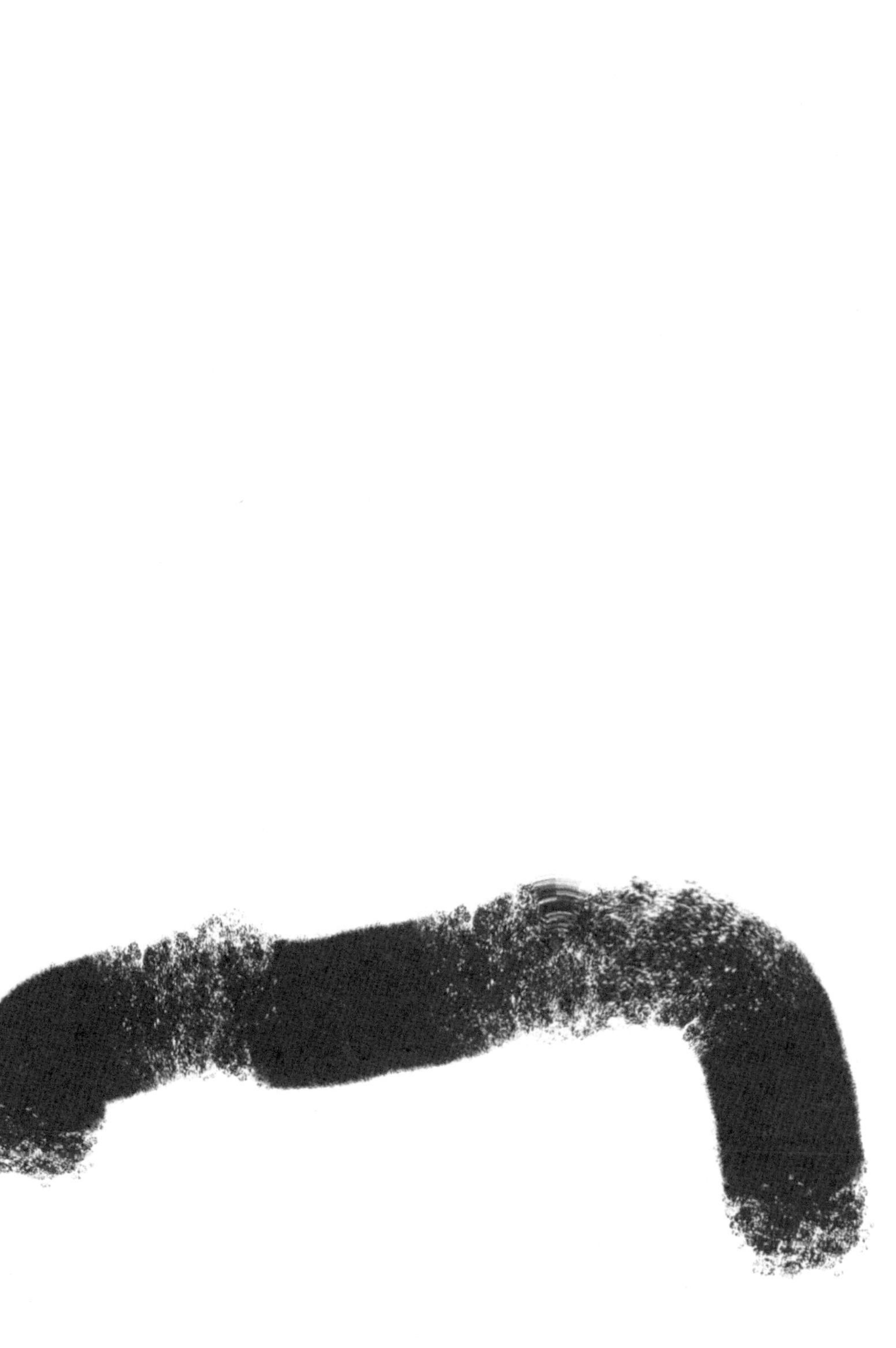

HELPFUL ADVICE. DOBRE RADY

You would be better off not talking about it.
If you want this job, keep it quiet.
Do people really need to know?
Can't you two just pretend to be friends?
Don't walk down the street holding hands.
You are not family, we can't let you in.
Ah, your partner? What's his name?
You have a double room booked by mistake, let me change it to a twin.
We don't want people like you here. This is a respectable establishment.
You aren't that ugly, so why a lesbian?
Oh, I would turn you.
Let's have a threesome.

Lepiej o tym nie mów.
Jeśli ci zależy na tej posadzie, bądź cicho.
Przecież nikt nie musi o tym wiedzieć.
Nie możecie udawać koleżanek?
I nie trzymajcie się na ulicy za ręce.
Pani to nie rodzina, nie wpuścimy.
Masz kogoś? Jak on ma na imię?
Zarezerwowaliśmy pokój z podwójnym łóżkiem. Już zmieniam na dwa pojedyncze.
Nie chcemy tu takich jak wy. To przyzwoite miejsce.
Nie jesteś znowu taka brzydka, więc co z tym lesbijstwem?
O, już ja bym cię nawrócił.
A może trójkącik?

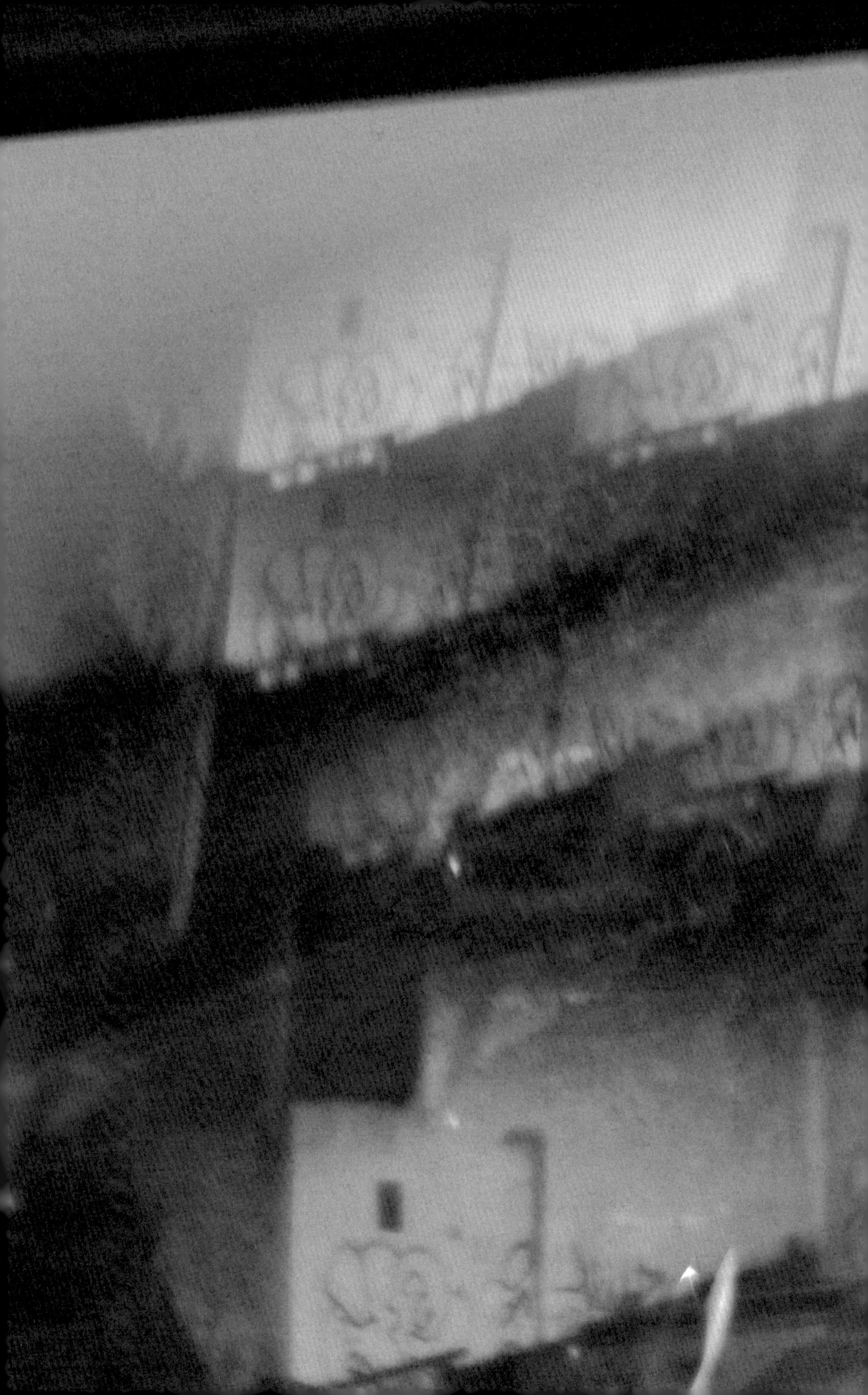

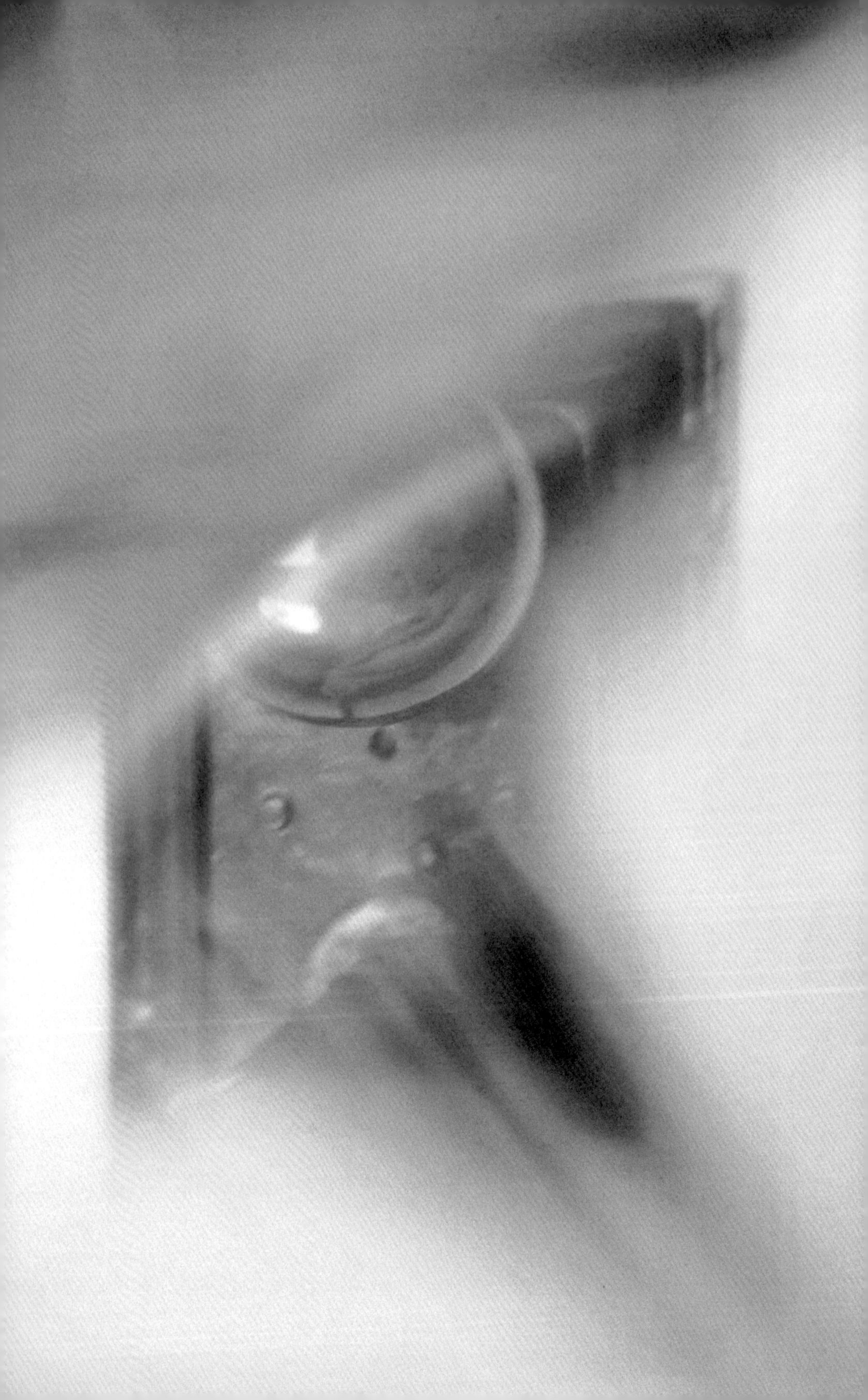

GILEAD 2020

Where are you? W księżycowym Gileadzie.
Gdzie jesteś? *On another planet.*
Where are you? W samym wrzeniu gniewu.
Gdzie jesteś? *Deeply rooted in fury.*
Where are you? W Polsce.
Gdzie jesteś? *In Poland.*
What do you see? Kobiety, morze kobiet.
Co widzisz? *Hot hot lava of anger.*
What do you see? Krwiste błyskawice na czarnym czarnym niebie.
Co widzisz? *Fists, sinew, stomps. Women.*
What do you see? Falę, która zabiera wszystko.
Co widzisz? *A deluge, a flood of women, an avalanche.*
What do you see? Bolesny poród.
Co widzisz? *A birth of lightning.*
What are you doing? Spalam się.
Co robisz? *Burning brightly.*
What do you seek? Oddechu.
Czego chcesz? *A tomorrow.*
What do you seek? Jutra.
Czego chcesz? *A breath.*
When? Właśnie teraz.
Kiedy? *Now.*

Inspired by and borrowed from / Wiersz zainspirowany *Future Interlude* by /
autorstwa Carrie Etter.

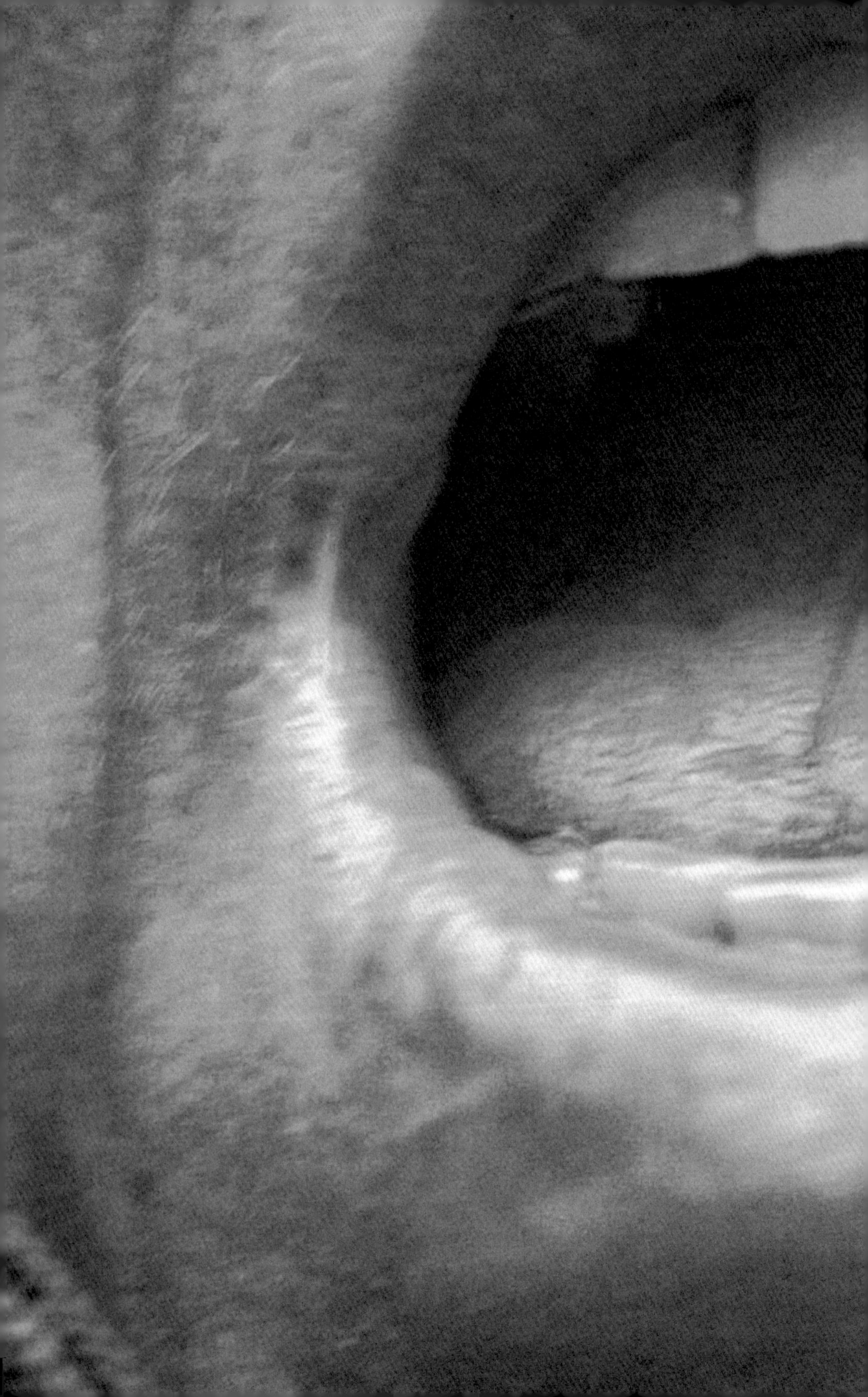

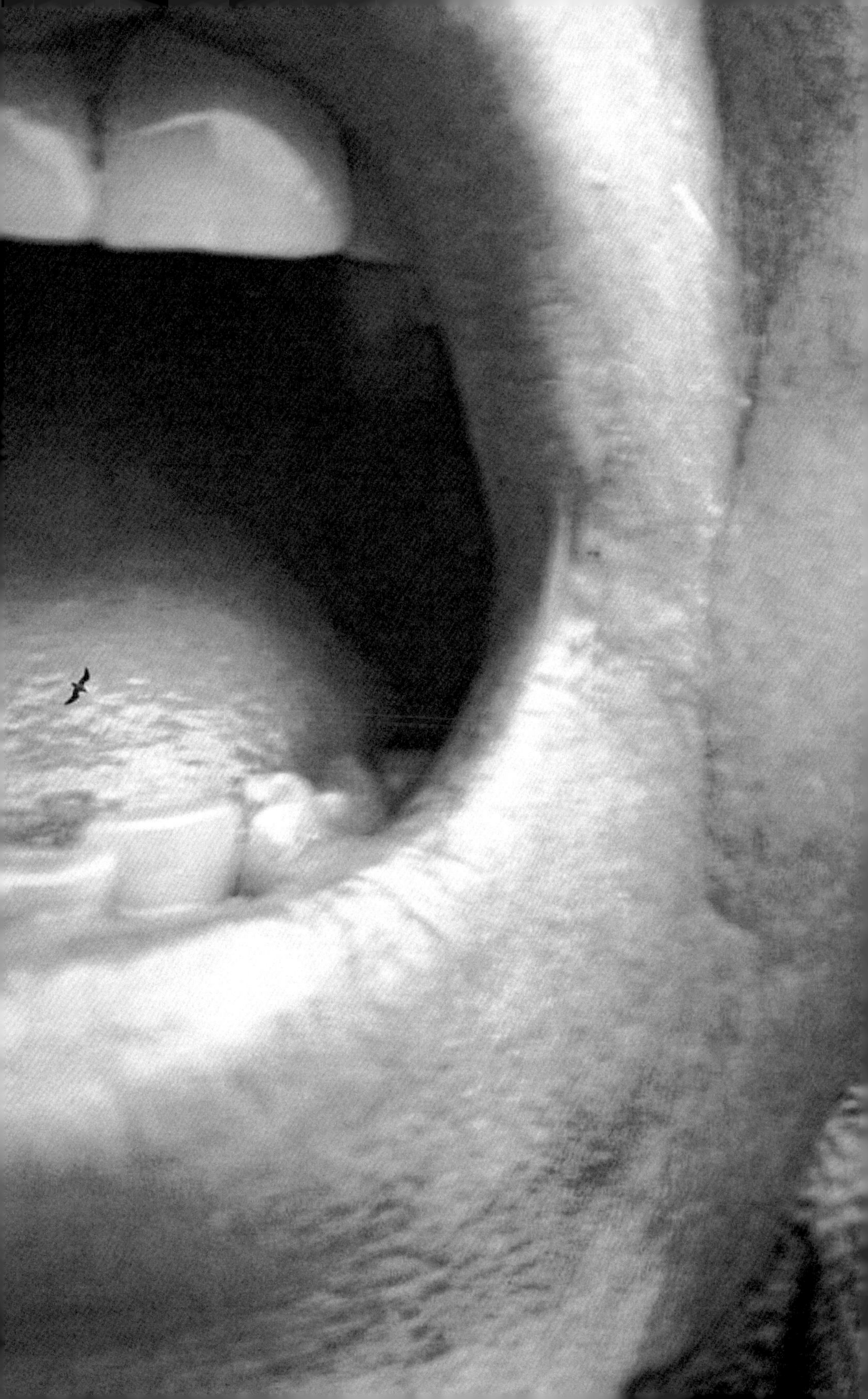

SPIS TREŚCI / CONTENTS

Angielski tytuł pojawił się jako pierwszy. Konkretnie przyśnił się Lisie. Potem powstał pierwszy zestaw zdjęć (później znacząco zmieniony i rozszerzony). Zdarzyło się to podczas pierwszej pandemicznej izolacji w 2020 roku, gdy Lisa spędziła trzy miesiące, nie wychodząc z domu i obserwując zewnętrzny świat tylko z okna. Szybko się zgodziłyśmy, że wysycona zagrożeniem, grimmowska atmosfera tych zdjęć świetnie odpowiada atmosferze pierwszych wierszy Anny, snujących opresyjną historię dorastania lesbijki w Polsce w latach osiemdziesiątych XX wieku.

I zdjęcia, i wiersze przeszły kilka etapów organicznej ewolucji, inspiracja między formami płynęła w obu kierunkach.

Rozpętanie jest napisane równolegle w dwóch językach, czasem odbijających się w sobie jak w lustrze, czasem przeplatających się, a kiedy indziej wodzących się nawzajem na manowce. Anna chciała w ten sposób zilustrować swoją codzienność – życie Polki od ponad dwudziestu lat mieszkającej w Wielkiej Brytanii i na co dzień pracującej w dwóch językach.

Anna Błasiak i Lisa Kalloo

Niektóre wiersze z książki ukazały się (w różnych wersjach) w następujących pismach i portalach literackich: „Poetry Wales", „The Blue Nib", „Ink Sweat & Tears", „Babiniec Literacki", „Pamiętnik Literacki", „The Red Fern", „Trafika Europe" oraz w antologii *Whitman on Walls!* (*WoW!*).

Szczególne podziękowania zechcą przyjąć Wioletta Grzegorzewska, Maria Jastrzębska i Iwona Libucha, za inspirację i przyjacielską pomoc, a także Elżbieta Wójcik-Leese, Clare Pollard i David Caddy, prowadzący warsztaty poetyckie w Poetry School oraz „Tears in the Fence", podczas których powstało część wierszy. Kilka utworów zainspi-rowanych jest poezją Carrie Etter, Marii Jastrzębskiej, André Bretona, Anny Auziņy oraz Maria Martína Gijóna.

Dziękujemy również Arts Council England za wsparcie finansowe.

First came the title. Specifically, Lisa woke up with it on her lips. Then she created the first set of photos (refined and expanded later on). It was during the first COVID lockdown, when she had not left the house for three months and only observed the outside world from her window. We agreed that the menacing, Grimm-brothers-like mood of those photos matched the mood of the first set of Anna's poems, which told the oppressive story of growing up queer in Poland in the 1980s.

Both the photos and the poems went through many organic stages of evolution, inspiration flew back and forth between the two forms.

Deliverance *has been written bilingually, in Polish and in English, often with both versions created at the same time. The idea is that a reader can read each poem in either of the languages or in both of them simultaneously. This is Anna's attempt at showing the reality of somebody living between the languages, sometimes stretched, sometimes lost between them.*

Anna Blasiak and Lisa Kalloo

Grateful acknowledgement is made to the editors of the following journals where some of these poems or versions of them first appeared: Poetry Wales Online, The Blue Nib, Ink Sweat & Tears, Babiniec Literacki, Pamiętnik Literacki, The Red Fern, Trafika Europe *and* Whitman on Walls! (WoW!) *anthology.*

Special thanks to Wioletta Greg, Maria Jastrzębska and Iwona Libucha, for inspiration and friendly support, as well as to Elżbieta Wójcik-Leese, Clare Pollard and David Caddy, who ran poetry courses or workshops for the Poetry School and Tears in the Fence, *during which some of the poems were created. Several pieces were inspired by the poetry of Carrie Etter, Maria Jastrzębska, André Breton, Anna Auziņa and Mario Martín Gijón.*

Thank you also to the Arts Council England for their financial support.

Anna Błasiak *is a poet, translator and managing editor of the European Literature Network. Anna writes poetry in Polish and in English. Her bilingual poetry and photography book (with Lisa Kalloo)* Kawiarnia przy St James's Wrena w porze lunchu / Café by Wren's St-James-in-the-Fields, Lunchtime *was published in 2020, as was* Lili. Lili Stern-Pohlmann *in conversation in Anna Blasiak. Anna has translated over 40 books from English into Polish and some fiction and poetry from Polish into English (most recently Maciej Hen's* According to Her *which was shortlisted to the 2023 EBRD Literature Prize, as well as Aneta Kamińska's chapbook* Czernovitz-Charmovitz *(with Bohdan Piasecki). She has worked in museums and a radio station, run magazines, written on art, film and theatre. She reviews books in translation for the European Literature Network, where she also runs a poetry-in-translation column* Poetry Travels, *featuring Lisa Kalloo's photography alongside poems, as well as a blog on Polish literature. She is one of the editors of* Babiniec Literacki, *a Polish page publishing poetry written by women. More at annablasiak.com.*

Lisa Kalloo *is an art photographer with some experience in other areas of photography (magazines, book covers, events and traditional photography). Despite all this she keeps going back to street photography. She explores different angles, gestures, old lenses, new lenses, old cameras, new cameras, digital, analogue and mixed. She loves the freedom that experimental photography affords. She feels that exploring photography as a medium enables her to better express the language of her world. She exhibited her work in London, Oxford, Ramsgate, Broadstairs (including Turner Contemporary The Open and the Creative Isle Community), Margate and in Germany. She also worked in Poland, Venice and Romania. Highly Commended by the* Ambit *Magazine. Her photography featured in* The Queer Riveter *magazine. More at lisakalloophotography.co.uk.*

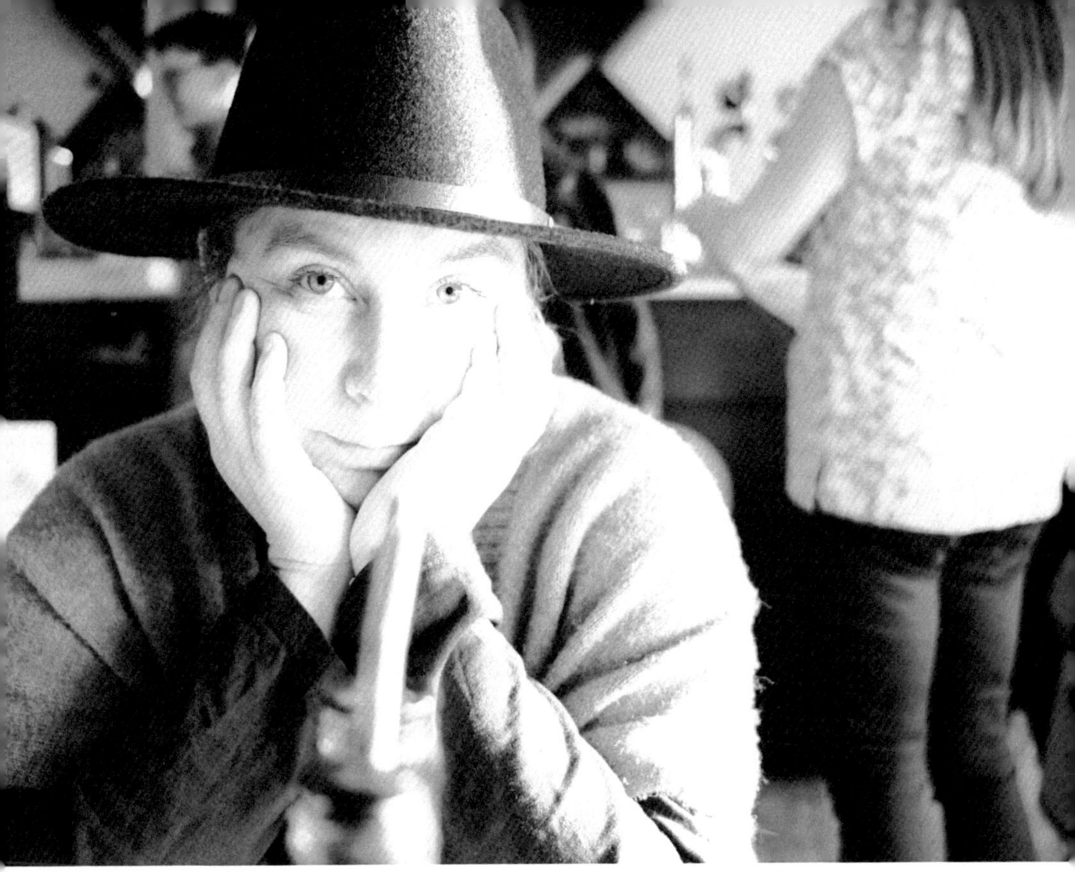

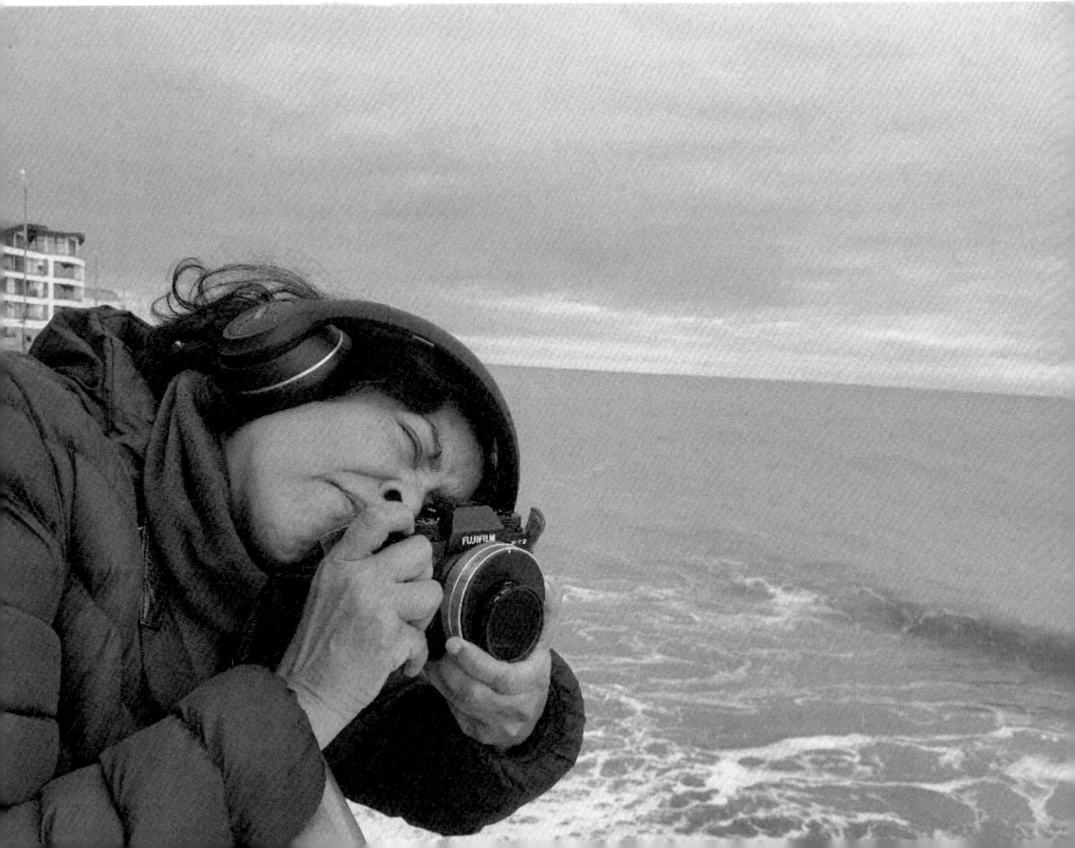

Anna Błasiak jest tłumaczką, poetką i pisarką. Pisze w języku polskim i angielskim. Była nominowana do kilku nagród poetyckich. W kwietniu 2020 roku opublikowała dwujęzyczną książkę poetycką z fotografiami Lisy Kalloo *Kawiarnia przy St James's Wrena w porze lunchu / Café by Wren's St James-in-the-Fields, Lunchtime*. W listopadzie tego samego roku ukazała się *Lili. Lili Stern-Pohlmann in conversation with Anna Błasiak*. Jej teksty były tłumaczone na język angielski, hiszpański, rumuński, słoweński i turecki. Przełożyła ponad czterdzieści książek z angielskiego na polski oraz trochę wierszy i prozy z polskiego na angielski (ostatnio *According to Her* Macieja Hena, nominacja do nagrody EBRD Literature Prize za rok 2023, jak również – z Bohdanem Piaseckim – tom wierszy Anety Kamińskiej *Czernovitz-Charmovitz*). Redaguje „Babiniec Literacki". Współtworzy European Literature Network i wydawany przez ELN magazyn „The Riveter". Więcej: annablasiak.com

Lisa Kalloo jest fotografką o zróżnicowanych zainteresowaniach. Zajmuje się przede wszystkim fotografią artystyczną i uliczną o aspekcie społeczno-politycznym, ma też wieloletnie doświadczenie w fotografii tradycyjnej. Jest także autorką zdjęć do publikacji internetowych, na okładki albumów muzycznych, książek i dla teatru. Studiowała prawo, ale szybko skupiła się na bardziej kreatywnych dziedzinach. Jej twórczość fotograficzna prezentowana była na kilku wystawach, np. w londyńskiej Brixton Library, Stretch Gallery i Turner Contemporary w Margate, a także w Archive, McGillan & Woodell, York Street Gallery oraz Hold w Ramsgate, a ostatnio w The Fairway Gallery w Oksfordzie. Publikowana m.in. w prestiżowym magazynie „Ambit" i w magazynie „The Queer Riveter". Na co dzień wiedzie ciche życie i ceni sobie prywatność. Więcej: lisakalloophotography.co.uk.

It's often difficult to situate a collection as genuinely contributing to a field, or a mode, of poetry because recommendations and blurbs are so full of throwaway hyperbole. But it isn't exaggeration to say Deliverance is pioneering in its method, structure, visuality, genre, and is so to meet, match and elevate its textual content. It reveals its translations as multi-lingual poems, playing between English and Polish as an alterity, a both, instead of an either or. It is a book of design, of illustration, situating the texts with projective and modernist play, and doing so between languages and with gestural paint swathes and bold pagination. It is a collection of photopoetry, admirably ambiguous between image and poem, each elevating the other. And it is a collaboration, seemingly built upon a dynamic exchange across mediums. And all this modal complexity serves to enrich and enhance the poems themselves; which are complex, dense and allusive while tackling ignorance and speaking with immediacy to what can be gleaned from personal experience.
— **SJ Fowler**, poet, writer, organiser of European Poetry Festival in the UK

Anna Błasiak's poetry book has kicked me where it hurts. The protagonist brings back memories and – sentence by sentence – unravels the tight stitch of the oppressive culture. In this bilingual volume a lot is happening on the borderline between the languages, English and Polish. Perhaps it is so because sometimes it is difficult to find words to tell the truth about the protagonist's own forebearers, all those grandmas, aunts, neighbours who had become the guardians of the intolerant, homophobic world. These are moving poems about discrimination on many levels, but also about love, finding oneself and difficult growing up in Poland Deliverance is a liberation, it unmasks the cruel rhetoric and sophisticated programming of the Catholic religion and the conservative upbringing. The poems are beautifully complemented by Lisa Kalloo's photographic collages.
— **Wioletta Greg**, poet, novelist, longlisted to the Man Booker International Prize (2017) and shortlisted to the Griffin Poetry Prize (2015)

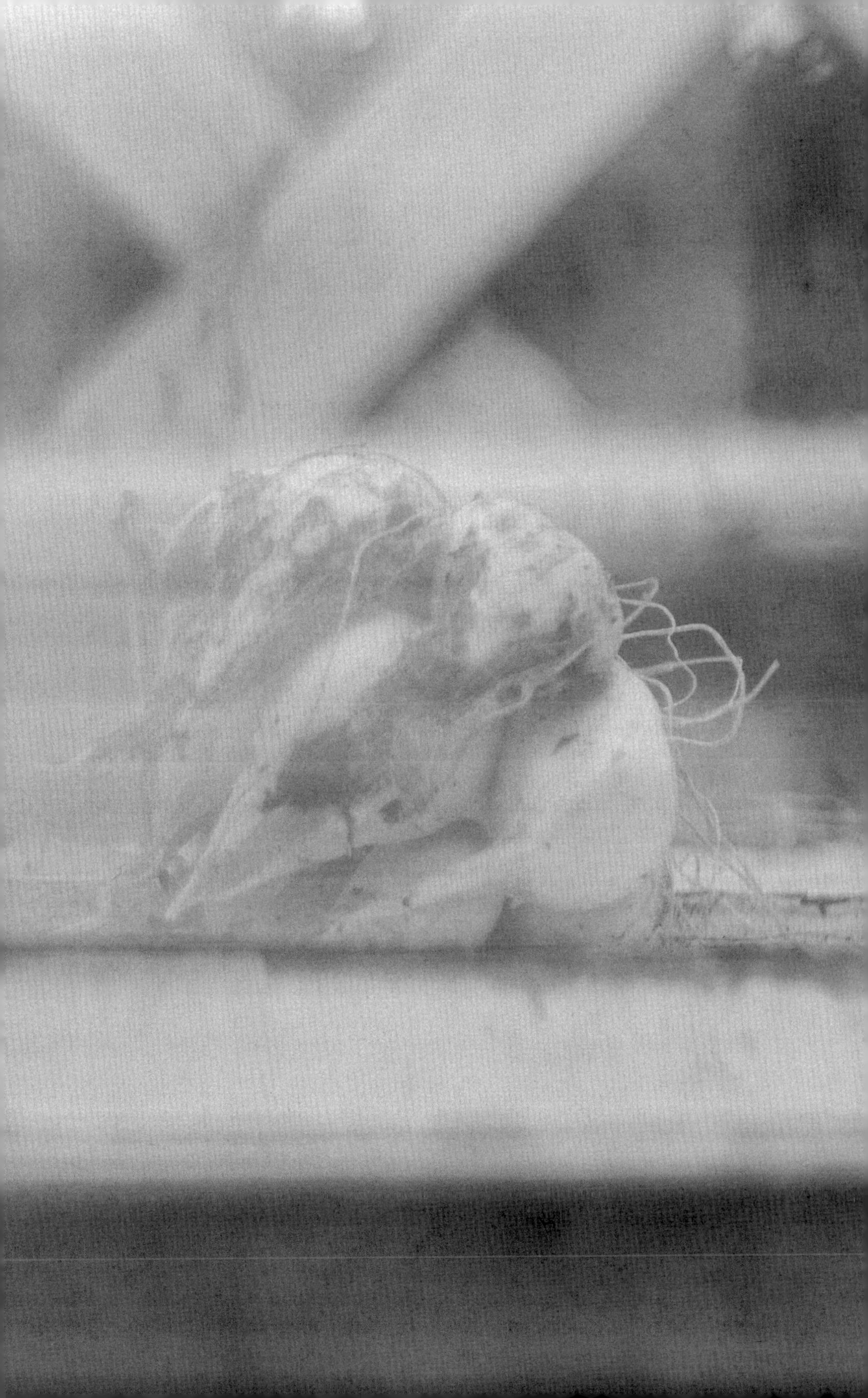

Bywa, że trudno jest przedstawić zbiór wierszy jako naprawdę wnoszący coś nowego w dziedzinę czy rodzaj poezji, bo rekomendacje poetyckie i blurby aż pękają od przesadnych hiperboli. Ale nie jest przesadą stwierdzenie, że *Deliverance* jest zbiorem pionierskim w swojej metodzie, strukturze, stronie wizualnej, gatunku; i że osiąga to poprzez mieszanie i wypiętrzanie kontekstów tekstowych. Przekłady stają się wielojęzycznymi wierszami, grają między angielskim i polskim jako innością, jako obojgiem na raz, a nie wyborem między jednym a drugim. Ta książka jest projektem, książką złożoną z ilustracji, która sytuuje teksty w rzutowej, modernistycznej grze pomiędzy językami, a także w odniesieniu do pociągnięć pędzlem i śmiałej paginacji. Jest to zbiór fotopoezji, o godnej podziwu dwuznaczności pomiędzy obrazem a wierszem, tak że każde z nich winduje to drugie w górę. Jest to też książka wynikająca ze współpracy – wydaje się – opartej na dynamicznej wymianie między mediami. Cała ta modalna zawiłość jeszcze bardziej wzbogaca i podkreśla same wiersze, które są złożone, gęste i pełne aluzji, jednoczenie mierząc się z ignorancją i mówiąc bezpośrednio o tym, co wynika z własnego doświadczenia.

—*SJ Fowler, poeta, pisarz, organizator festiwalu poezji europejskiej w Wielkiej Brytanii*

Książka poetycka Anny Błasiak *Rozpętanie* rozłożyła mnie na łopatki. Bohaterka przywołuje wspomnienia i zdanie po zdaniu pruje ciasny ścieg opresyjnej kultury. W tym dwujęzycznym tomie dzieje się też dużo na styku języków, angielskiego i polskiego, bo może czasem brakuje słów, żeby opowiedzieć prawdę mową własnych antenatek, tych wszystkich babć, ciotek, sąsiadek, które stały się strażniczkami nietolerancyjnego i homofobicznego świata. Poruszające wiersze o dyskryminacji na wielu poziomach, także o miłości odnajdowaniu siebie i trudnych doświadczeniach z okresu dorastania w Polsce. *Rozpętanie* to uwolnienie, to demaskowanie okrutnej retoryki, wyrafinowanego zaprogramowania przez religie katolicką i wychowanie w konserwatywnej kulturze. Książkę pięknie uzupełniają niezwykłe kolaże fotograficzne Lisy Kalloo.

—*Wioletta Grzegorzewska, poetka, prozaiczka, nominowana między innymi do nagrody Bookera oraz do nagrody poetyckiej Griffin*